K. A. Martin Hartmann

Zeittafel zu Victor Hugo's Leben und Werken

nach den Quellen bearbeitet und als Hilfsmittel für das Studium des Dichters

K. A. Martin Hartmann

Zeittafel zu Victor Hugo's Leben und Werken
nach den Quellen bearbeitet und als Hilfsmittel für das Studium des Dichters

ISBN/EAN: 9783743307902

Hergestellt in Europa, USA, Kanada, Australien, Japan

Cover: Foto ©Thomas Meinert / pixelio.de

Manufactured and distributed by brebook publishing software
(www.brebook.com)

K. A. Martin Hartmann

Zeittafel zu Victor Hugo's Leben und Werken

VORWORT.

Der erste Anfang zu vorliegendem Schriftchen entstand aus einem rein persönlichen Bedürfnis.

Seitdem Verfasser dem Studium Victor Hugo's näher getreten war, und den Versuch gemacht hatte, die geistige Entwicklung dieses in der Litteratur einzigen Mannes zu begreifen, glaubte er sich die Aufgabe stellen zu müssen, die gewaltige, auf den ersten Blick schwer übersehbare Masse seiner Werke zeitlich zu ordnen, nicht nur nach ihrer Veröffentlichung, — das findet man ja in jedem Konversationslexikon —, sondern auch nach ihrer Entstehung. Dass diese beiden Zeitpunkte in der Regel nicht zusammenfallen, muss man ja von vornherein als wahrscheinlich annehmen, und man versteht nicht recht, wie Paul Lindau (Nord und Süd 1877, S. 85) den groben Fehler begehen konnte, die Entstehung der meisten lyrischen Gedichtsammlungen Victor Hugo's in das Jahr ihrer Veröffentlichung zu setzen.[1]) Thatsächlich umfassen dieselben Stücke aus sehr verschiedenen Jahren. So reichen die »Odes et Ballades« von 1818 bis 1828, die »Orientales« von 1825 bis 1828, die »Feuilles d'Automne« von 1827 bis 1831, die »Chants du Crépuscule« von 1830 bis 1835, die »Voix Intérieures« von 1834 bis 1837, die »Rayons et Ombres« von 1836 bis 1840, die »Châtiments« von 1848 bis 1853, die »Contemplations« von 1830 bis 1856, und die »Quatre Vents de l'Esprit« von 1853 bis mindestens

---

[1]) Vergl. Sarrazin, Victor Hugo's Lyrik und ihr Entwicklungsgang. Baden 1885, S. 29.

Ende der siebziger Jahre. Schon hieraus sieht man, dass Victor Hugo von dem horazischen »Nonum prematur in annum« zu Zeiten einen sehr ausgiebigen Gebrauch gemacht hat. Ja man weiss, dass er sogar die seltene Selbstverleugnung gehabt, ein seit mehr als vierzig Jahren vollendetes Drama überhaupt nicht herauszugeben.

Verfasser kann sagen, dass ihn die Ausführung seiner Arbeit im Verständnis des Dichters nicht unerheblich gefördert hat. Er lernte auf diese Weise, seiner Entwicklung sozusagen, Schritt für Schritt, nachzugehen; manche Verhältnisse und Beziehungen wurden ihm nun erst klar, manches bis dahin als feststehend betrachtete erwies sich ihm im Lichte dieser historischen Betrachtung als nicht haltbar. Und so möchte er sich, wenn er von seiner persönlichen Erfahrung ausgehen darf, der Hoffnung hingeben, dass mit der Veröffentlichung dieser »Zeittafel« auch anderen gedient sein kann, denen, welche Victor Hugo für bedeutend genug halten, um ihn in derselben Weise zu studieren, wie die durch die Bewunderung der Jahrhunderte geweihten Klassiker.

Ein ähnlicher Gedanke, wie der, aus dem diese Schrift entstanden, ist vor einiger Zeit von anderer Seite gefasst worden. Am letzten Geburtstage des Meisters gab der bekannte Pariser Schriftsteller Ulbach ein Buch heraus, das den Titel führte: Almanach de Victor Hugo. Ephémérides — und in einem Schreiben an den Dichter bezeichnet er dasselbe als die »in Form von Daten gegebene Geschichte seines Geistes und Herzens«. Der Plan freilich, nach welchem das Buch angelegt ist, rechtfertigte diese Bezeichnung keineswegs. Ulbach hat nämlich eine mehr oder weniger willkürliche Auswahl von Daten getroffen, und diese auf die in Kalenderordnung angeführten Monate des Jahres so verteilt, dass unter jedem Tage des Jahres irgend ein Gedicht oder Werk, oder irgend eine Thatsache aus dem Leben des Dichters verzeichnet steht. Wenn nun auch eine solche Arbeit ganz unmöglicherweise als eine »in Form von Daten gegebene Geschichte seines Geistes und Herzens« zu betrachten ist, so könnte sie doch wohl ein Interesse für besonders schwärmerisch angelegte Verehrer des Dichters haben, für solche z. B., die an einem bestimmten Tage des Jahres das Bedürfnis fühlen, einen Trinkspruch an irgend einen Umstand aus dem Leben Victor Hugo's anzuknüpfen, der zufällig das betreffende Datum trägt. Dass es viele solcher Leute gibt, darf wohl einigermassen zweifelhaft erscheinen, kein Zweifel aber kann für den, welcher zu prüfen im Stande ist, darüber bestehen, dass der Hugokalender Ulbach's sehr wenig zuverlässig ist, trotz seiner Versicherung im Vorwort, die verschiedenen Angaben sorgfältig kontroliert zu haben. Denn ungefähr der sechste Teil der von ihm gegebenen Daten ist falsch und oft ganz erfunden, so dass man vor dem Gebrauche dieses Buches geradezu warnen muss.

Nun ist sich zwar Verfasser sehr wohl bewusst, dass auch seine Leistung nicht vollkommen ist. Vielleicht ist auch ihm der oder jener Irrtum mit untergelaufen. Wenn ihm auch die »Édition définitive« zur Verfügung stand, die in Bezug auf die Entstehungszeit der einzelnen Gedichte eine grössere Fülle und Korrektheit der Informationen bietet, als frühere Ausgaben, wenn er auch manches genaue Datum aus Biré's reichhaltigem Werke: Victor Hugo avant 1830 entlehnen konnte, so hat ihm zur erschöpfenden Behandlung des Gegenstandes, ganz abgesehen natürlich von den noch nicht veröffentlichten Schriften Victor Hugo's, doch manches Werk gefehlt, das man nur an einem Bücherzentrum wie Paris haben kann. Trotzdem aber unternimmt er es, auch seinen unvollkommenen Versuch der Öffentlichkeit zu übergeben, da dies doch schliesslich der geeignetste Weg ist, noch schwebende Fragen zur Erledigung zu bringen.

Was die Ausführung anlangt, so wird man bemerken, dass der Stoff in zwei Kolumnen verteilt ist, deren Daten zeitlich mit einander parallel laufen: Rechts findet man die Entstehungszeit der einzelnen Schriftwerke des Dichters — diesen Ausdruck im weitesten Sinne genommen — und links gegenüber die bemerkenswerten Thatsachen aus seinem Leben, sowie andere, die in unmittelbarer Beziehung zu ihm und seinen Werken stehen. Man gewinnt auf diese Weise rasch ein Bild von der bewunderungswürdigen Arbeitskraft, die Victor Hugo sich bis in sein höchstes Alter bewahrt hat, man kann sofort konstatieren, welche Jahre in poetischer Hinsicht besonders fruchtbar, und welche es weniger gewesen sind, und man erhält einen Einblick in die Wechselbeziehung seiner litterarischen und seiner politischen Thätigkeit.

Dass die Kolumnen nicht immer gleichmässig ausgefüllt sind, ist nur natürlich. Denn Verfasser hat es sich selbstredend angelegen sein lassen, nur wirklich beglaubigte Thatsachen aufzunehmen, er ist der naheliegenden Versuchung aus dem Wege gegangen, vorhandene Lücken durch Hypothesen zu ersetzen. Diese Lücken werden ja durch die zu erwartenden Veröffentlichungen aus Victor Hugo's litterarischem Nachlass zum guten Teil noch ausgefüllt werden, namentlich durch die Herausgabe seiner Korrespondenz, die, nach einigen Bemerkungen in der Vorrede des »Rhin« zu schliessen, ausserordentlich umfänglich sein muss. Inzwischen aber ist doch die Gesamtmasse der veröffentlichten Werke Victor Hugo's so bedeutend, dass es sich schon jetzt wohl der Mühe verlohnt, eine »Zeittafel« wie die vorliegende herauszugeben, als eine Art Führer durch die lange Reihe seiner Schöpfungen.

Leipzig, im August 1885.

K. A. Martin Hartmann.

Genealogische Daten

zur

Herkunft des Dichters.

1727, 24. Okt. Des Dichters Grossvater väterlicherseits, Joseph Hugo, wird geboren in Baudricourt bei Mirecourt im jetzigen Vogesendepartement, als Sohn des Ackerbauers Jean Philippe Hugo in Baudricourt. Er liess sich später als Tischler in Nancy nieder.

1755, Erste Heirat Joseph Hugo's mit Dieudonnée Béchet, Tochter eines Schuhmachermeisters.

1770, 22. Jan. Zweite Heirat des damals verwitweten Joseph Hugo mit Marguerite Michaud, Erzieherin der Kinder des Grafen Rosières d'Euvezin.

1773, 15. Nov. Aus dieser Ehe wird geboren in Nancy: Joseph Leopold Sigisbert Hugo, des Dichters Vater. (Lothringen war damals erst sechs Jahre französisch.)

1796, Heirat Joseph Leopold Sigisbert Hugo's mit Sophie Trébuchet aus Nantes.

1798, 18. Nov. Aus dieser Ehe wird als erstes Kind geboren: Abel Hugo.

1800, 16. Sept. Als zweites Kind dieser Ehe wird geboren: Eugen Hugo.

1801, Anfang des Jahres. Sigisbert Hugo wird als Bataillonscommandeur nach Besançon versetzt.

Jugend des Dichters.

1802, 26. Febr. Victor Marie Hugo wird in Besançon geboren, als drittes und letztes Kind seiner Eltern.

1802, April. Hugo geht mit seinem Bataillon über Marseille nach Korsika. Seine Garnison wechselt in den nächsten Jahren zwischen dieser Insel und Elba. Seine Familie begleitet ihn.

1805, Sept. Während Hugo mit seinem Bataillon nach Italien geht, reist Frau Hugo mit ihren drei Kindern nach Paris und wohnt dort Rue de Clichy No. 24.

1807, Okt. Frau Hugo reist mit ihren drei Kindern von Paris über den Mont-Cenis nach Unteritalien, wo ihr Mann im Dienst des Königs Joseph steht.

1808, Juli. Hugo folgt dem Rufe des Königs Joseph nach Spanien. Frau Hugo kehrt mit ihren Kindern von Italien wieder nach Paris zurück. Sie wohnt zunächst bei der Kirche Saint-Jacques du Haut-Pas, dann in der »Impasse des Feuillantines«. Victors Lehrer ist hier der ehemalige Priester Larivière.

1810, Besuch von Victor Hugo's Onkel, Louis Hugo, bei der Familie seines Bruders in Paris.
1811, 21. März. Frau Hugo reist mit ihren Kindern von Paris ab nach Spanien, und nimmt dort Wohnung in Madrid. Victor Hugo, dessen Vater inzwischen vom König in den Grafenstand erhoben worden war, besucht in Madrid ein Gymnasium für Söhne adliger Familien.
1812, Anfang des Jahres. Frau Hugo reist mit Eugen und Victor von Madrid nach Paris zurück. Bis zum Ende des Jahres wohnt sie wieder in der »Impasse des Feuillantines«. Victor Hugo geniesst hier den Unterricht des von Napoleon geächteten Generals Lahorie, seines Pathen. Dieser wird am 23. Okt. des Jahres auf ein Urteil des Kriegsgerichts erschossen. Am 31. Dez. verlegt Frau Hugo ihre Wohnung nach der Rue du Cherche-Midi, und wohnt dort bis 1815.
1815, Victor tritt mit seinem Bruder Eugen in das Institut Cordier ein, Rue Marguerite, und besucht zugleich die Philosophie-, Mathematik- und Physik-Stunden im Lycée Louis le Grand. Aus dieser Zeit stammen zahlreiche dichterische Versuche.
1816, Victor Hugo schreibt eine Tragödie »Irtamène«, in welcher der Sturz Napoleon's und die Rückkehr Ludwig's XVIII. verherrlicht wird.
1816, 10. Juli. Victor Hugo schreibt in sein Tagebuch: Je veux être Chateaubriand ou rien.

1817.

18. März bis 7. April. V. H. schreibt ein Gedicht über das am 5. April 1815 von der Académie française ausgeschriebene Preisthema: **„Le bonheur que procure l'étude dans les différentes situations de la vie.**

25. Aug. V. H's. Gedicht erhält von der Académie française an neunter Stelle eine ehrenvolle Erwähnung.

1818.

Aug. V. H. verlässt die Pension Cordier und zieht zu seiner Mutter, rue des Petits-Augustins, N° 18.

13. Aug. Bei der Wiederaufrichtung der Bildsäule Heinrichs IV. gehört V. H. zu der Volksmenge, welche den Wagen mit der Bildsäule im Triumphe nach dem Aufstellungsorte führt.

Aug. Beim Concours général erhält V. H. den 5. Nebenpreis für Physik.

Okt. **Les Vierges de Verdun.** (Od. 1, 3.)
Ohne Monatsdatum:
Erste Fassung des **„Bug Jargal"**.
Notice sur Gil Blas (erschien im folgenden Jahre in der Neufchâteau'schen Ausgabe des Gil Blas).

1819.

Die Akademie von Toulouse zeichnet V. H. durch Preise aus für seine Oden: „**Les Vierges de Verdun**", und „**Rétablissement de la Statue de Henri IV.**"
Aug. V. H's. Gedicht: „**Les Avantages de l'Enseignement mutuel**" erhält von der Académie française eine ehrenvolle Erwähnung, während das Gedicht **L'Institution du Jury en France** leer ausgeht.
Okt. V. H. veröffentlich die Satire „**Le Télégraphe**".
Dez. Abel Hugo und sein Bruder Victor gründen die Zeitschrift »Le Conservateur littéraire«.

5.—6. Febr. Nachts: **Rétablissement de la Statue de Henri IV.** (Od. 1, 6.)

Dez. **Premier Soupir** (Od. 5, 1).
Ohne Monatsdatum: **La Vendée.** (Od. 1, 2.)
In dieses Jahr fällt ein Teil des „**Journal d'un jeune jacobite**". (Litt. et phil. mêl.)

Um 1820.

Vers 1820 (**Denise, ton mari, notre vieux pédagogue**). (Cont. 1, 16.)

1820.

Anfang des Jahres. V. H. veröffentlicht die Satire „**L'Enrôleur politique**".
Febr. V. H. schickt die Gedichte **Moïse sur le Nil**, **Le jeune Banni**, und **Les deux Ages** an die Akademie von Toulouse. Er erhält dafür eine ehrenvolle Erwähnung.
Ende März. Ludwig XVIII. bewilligt V. H. ein Gnadengeschenk von 500 Franken.
28. April. Die Akademie von Toulouse ernennt V. H. zum Maître-ès-Jeux floraux und verkündigt dies in der öffentlichen Sitzung vom 3. Mai des Jahres.

In diesem Jahre wird V. H. mit Lamartine persönlich bekannt.

Febr. **Moïse sur le Nil** (Od. 4, 3).
(Nach dem 13.) Febr. **La Mort du Duc de Berri.** (Od. 1, 7.)

Juli. **Le Génie.** A M. de Chateaubriand. (Od. 4, 6.)
(Ende Sept. bis Anf.) Okt. **La Naissance du Duc de Bordeaux.** (Od. 1, 8.)
In dieses Jahr fällt ein Teil des „**Journal d'un jeune jacobite**". (Litt. et phil. mêl.)

1821.

Jan. V. H. wird Mitglied der royalistischen »Société des Bonnes-Lettres«.

Jan. **La Fille d'O-Taïti.** (Od. 4, 7.)

28. Febr. V. H. liest in der Société des Bonnes-Lettres seine Ode **Quiberon** vor.

13. März. V. H. liest ebendaselbst seine Ode „**Vision**" vor.
März. Der Conservateur littéraire hört auf zu erscheinen (vgl. 1819, Dez.). Um diese Zeit zieht V. H. mit seiner Mutter nach Rue Mézières 10.

27. Juni. V. H.'s Mutter stirbt.

20. Juli. V. H.'s Vater heiratet zum zweiten Male.

Anfang August. V. H. ist eine Woche lang Gast bei seinem Freunde A. de Saint-Valry in Montfort-l'Amaury.

Febr. **Quiberon**. (Od. 1, 4.)

Febr. **Regret**. (Od. 5, 2.)
(Vor dem 13.) März. **Vision**. (Od. 1, 10.)

März. **Le Poète dans les Révolutions**. (Od. 1, 1.)

Mai. **Le Baptême du Duc de Bordeaux**. (Od. 1, 9.)
Mai. V. H. beginnt den Roman „**Han d'Islande**".

Nach dem 27. Juni. V. H. fängt das Drama „**Amy Robsart**" an.

Juli. **Le Vallon de Cherizy**. (Od. 5, 3.)

Dez. **Le Dévouement**. (Od. 4, 4.)
Dez. **A Toi**. (Od. 5, 4.)

1822.

April. V. H. bezieht eine Mansardenwohnung, Rue du Dragon N° 30.

Im Sommer hält sich V. H. wiederholt und längere Zeit in Gentilly (bei Sceaux) auf, auf dem Landsitze der Familie Foucher.
Juni. V. H. veröffentlicht „**Odes et Poésies diverses**".
Juli. Fussreise nach Dreux, über Pontchartrain.
Sept. Louis XVIII. bewilligt V. H. auf besondere Empfehlung der Herzogin von Berri einen Jahresgehalt von 1000 Franken aus seiner Privatschatulle.
12. Okt. V. H. heiratet Adèle Foucher, seine Jugendfreundin. Sein

März. **Buonaparte**. (Od. 1, 11.)
April. **La Lyre et la Harpe**.
A. M. Alph. de L. (Od. 4, 2.)
April. **La Chauve-souris**. (Od. 5, 5.)
April. «**Le nuage**. (Od. 5, 6.)
April. **Le Cauchemar**. (Od. 5, 7.)
April. **Le Matin**. (Od. 5, 8.)
A l'Académie des Jeux-Floraux. (Od. 4, 5.) (Die Datierung Mai in der »Éd. déf.« ist ein Irrtum. Vergl. Biré, S. 132.)

Bruder Eugen wird bei der Hochzeitsfeier wahnsinnig.
V. H. wohnt mit seiner Frau zunächst im Hause seiner Schwiegereltern.
26. Nov. V. H. verteidigt im »Moniteur« ausführlich Soumet's Tragödie Saül.

10. Dez. V. H. liest in der Société des Bonnes-Lettres seine Ode **Louis XVII.** vor.
13. Dez. Der »Moniteur« veröffentlicht V. H.'s Ode **Louis XVII.**
Ende Dez. Die zweite Ausgabe von H.'s Gedichten erscheint unter dem Titel: **Odes.**
Der König subskribiert auf 25 Exemplare dieser Ausgabe.

Anfang Decbr. **Louis XVII.** (Od. 1, 5.)

Dez. **Jéhovah.** (Od. 4, 18.)
Dez. **Vorwort zur Ausgabe der Oden.**
Dez. **Han d'Islande** beendigt.
Ohne Monatsdatum. **L'Homme heureux.** (Od. 4, 8.)

1823.

Anfang Febr. V. H. veröffentlicht die erste Ausgabe von **Han d'Islande.**
Febr. Louis XVIII. bewilligt V. H. einen zweiten Jahresgehalt von 2000 Fr. aus den litterarischen Fonds des Ministeriums des Innern.
März. V. H. verlegt seine Wohnung nach der Rue de Vaugirard N° 27. (Dort wohnt er bis 1827.) Ganz in der Nähe wohnte Sainte-Beuve, mit dem er jedoch erst 1827 persönlich bekannt wurde.

Mai. Aufenthalt in Gentilly.

Juli. V. H. und einige Freunde (Soumet, Guiraud, E. Deschamps, A. de Saint-Valry) gründen die »Muse Française«.

Okt. V. H.'s erstes Kind Georg stirbt.

Jan. **Vorwort zur ersten Ausgabe des Han d'Islande.**

April. **Vorwort zur zweiten Ausgabe des Han d'Islande.**

Juni. **Sur Walter Scott, à propos de Quentin Durward.** (Litt. et phil. mêl. S. 245 ff.)
Juni. **L'Ame.** (Od. 4, 9.)
Juli. **La Liberté.** (Od. 2, 6.)
Juli. **Sur l'Abbé de Lamennais, à propos de l'essai sur l'indifférence en matière de religion.** (Litt. et phil. mêl. S. 259 ff.)
August. **A mon Père.** (Od. 2, 4.)
August. **Le Poète.** (Od. 4, 1.)
August. **Actions de Grâces.** (Od. 5, 14.)
August. **A mes Amis.** (Od. 5, 15.)
Okt. **A l'Ombre d'un Enfant.**

In diesem Jahre veröffentlicht Hugo's Vater seine Memoiren.

Nov. **La Guerre d'Espagne.** (Od. 2, 7.)
Nov. **A l'Arc de Triomphe de l'Étoile.** (Od. 2, 8.)
Dez. **La Mort de Mlle de Sombreuil.** (Od. 2, 9.)
Dez. **Sur Voltaire.** (Litt. et phil. mêl. S. 231 fl.)
Ohne Monatsdatum:
A mes Odes. (Od. 2, 1.)
L'Histoire. (Od. 2, 2.)
La Bande noire. (Od. 2, 3.)
Le Repas libre. (Od. 2, 5.)
Le dernier Chant. (Od. 2, 10.)
L'Antechrist. (Od. 4, 13.)
Epitaphe. (Od. 4, 14.)
Mon Enfance. (Od. 5, 9.)
A G-y. (Od. 5, 10.)
Paysage. (Od. 5, 11.)
Encore à Toi. (Od. 5, 12.)
Son Nom. (Od. 5, 13.)
Le Sylphe. (Ball. 2.)
La Grand' mère. (Ball. 3.)

1824.

Jan. **Le Chant de l'Arène** (Od. 4, 10.)
Jan. **Le Chant du Cirque.** (Od. 4, 11.)
Jan. **Le Chant du Tournoi.** (Od. 4, 12.)
Febr. Vorwort zur Ausgabe der „Nouvelles Odes".

März. Die „**Nouvelles Odes**" erscheinen.
Juni. Die »Muse Française« hört auf zu erscheinen (vergl. Juli 1823).

(Nach dem 6.) Juni. **A M. de Chauteaubriand.** (Od. 3, 2.) — Am 6. trat Ch. aus dem Ministerium aus.
(Nach dem 19.) Juni. **Sur Lord Byron, à propos de sa mort.** (Litt. et phil. mêl. S. 267 ff.).
Juli. **La Fée et la Péri.** (Ball. 15.)
Juli. **Idées au hasard.** (Litt. et phil. mêl. S. 279 ff.)

26. Juli. Das »Journal des Débats« bringt ein langes Schreiben V. H.'s, als Antwort auf die in eben diesem Blatte veröffentlichte Kritik der »Nouvelles Odes«, von Hoffman.

(Nach dem 24.) Okt. **Les Funérailles de Louis XVIII.** (Od. 3, 2.) (Das Gedicht trägt irrtümlicher Weise in den Ausgaben das Datum September. Das Leichenbegängnis des Königs fand am 24. Okt. statt.
Okt. **Une Fée.** (Ball. 1.)

In dieses Jahr fällt der Anfang des ersten »Cenakels« unter Nodier's Führung.
Des Dichters erste Tochter Leopoldine wird geboren.
V. Vignon veröffentlicht unter dem Titel: »Og« eine Parodie des »Han d'Islande«.

1825.

April. V. H. wird vom König zum Ritter der Ehrenlegion ernannt und zur Krönung in Reims geladen.

Gegen den 20. Mai. V. H. kehrt wieder nach Paris zurück. Seine Frau und sein Kind bleiben eine Zeit lang in Blois.
29. Mai. V. H. wohnt der Krönung Karl's X. in Reims bei.

24. Juni. V. H. überreicht dem König seine Krönungsode.
Juni. V. H.'s Vater wird zum Generallieutenant ernannt.

August. V. H. unternimmt mit seiner Familie und den Familien Nodier und Taylor eine Reise nach der französischen Schweiz.
2. Sept. V. H. kehrt nach Paris zurück.

Okt. V. H. veröffentlicht: **Guerre aux Démolisseurs** (1. Teil). (Litt. et phil. mêl.)

Febr. **A une jeune Fille** (Od. 5, 17.)
März. **Le Géant.** (Ball. 5.)
März. **Un Chant de fête de Néron.** (Od. 4, 15.)
16. bis 17. April Nachts. V. H. dichtet auf der Reise nach Blois das Gedicht **Les deux Archers.** (Ball. 8.) Im Juli darauf vollendet er es. (Vgl. Act. et Par. 2, 334.)
April. **A Trilby, le lutin d'Argail.** (Ball. 4.)
April. **La Ville prise.** (Orient. 23. Zuerst unter dem Titel „Hymne oriental" in den „Odes et Ballades" veröffentlicht.)
Mai. (Aller Wahrscheinlichkeit nach stammt aus diesem Monat das nur mit der Jahreszahl 1825 versehene Gedicht) **Le Voyage.** (Od. 5, 19.)

Mai bis Juni. **Le Sacre de Charles X.** (Od. 3, 4.)

Juli. **Les Deux Iles.** (Od. 3, 6.)
Juli. V. H. vollendet das Gedicht **Les Deux Archers.** (Ball. 8.)

Sept. **Au Colonel Gustaffson** (Od. 3, 5.)
Sept. **La Mêlée.** (Ball. 4.)
Sept. **Écoute-moi, Madeleine.** (Ball. 9.)
Okt. **A M. Alphonse de L.** (Od. 3, 1.)
Okt. **Aux Ruines de Montfort-l'Amaury.** (Od. 5, 18.)
Okt. **Promenade.** (Od. 5, 20.)
Okt. **La Fiancée du Timbalier.** (Ball. 6.)
Okt. **A un Passant.** (Ball. 10.)
Okt. **La Ronde du Sabbat.** (Ball. 14.)
Nov. **A Ramon, Duc de Benav.** (Od. 5, 21.)

Nov. **Le Portrait d'un Enfant.**
(Od. 5, 22.)
Ohne Monatsdatum:
Guerre aux Démolisseurs (Litt. et phil. mêl.)
Fragment d'un Voyage aux Alpes. (V. H. raconté, 2, 191 ff.)
Zweite Bearbeitung des **Bug Jargal.**

1826.

Jan. V. H. veröffentlicht **Bug Jargal.**

Jan. Vorwort zur **Bug Jargal.**
Juni. **Têtes du Sérail.** (Orient. 3.)
6.—24. Aug. 1. Akt des **Cromwell.**
31. Aug. bis 20. Sept. 2. Akt des **Cromwell.**
22. Sept. bis 9. Okt. 3. Akt des **Cromwell.**
11.—25. Okt. 4. Akt des **Cromwell.**
28. Okt. V. H. beginnt den 5. Akt des **Cromwell.**

Okt. V. H. veröffentlicht die „**Odes et Ballades**".
2. Nov. Karl Hugo geboren.
Ende des Jahres. V. H. sucht um Erhöhung seines Jahresgehaltes nach.

Okt. Vorwort zur Ausgabe der „**Odes et Ballades**".

1827.

Jan. V. H. wird mit Sainte-Beuve bekannt, der seine »Odes et Ballades« im »Globe« günstig besprochen hatte.
9. Febr. V. H.'s Ode **A la Colonne** erscheint im Journal des Débats.
April. V. H. verlegt seine Wohnung nach der Rue Notre-Dame-des-Champs No 11. Ganz in seine Nähe zog sein damaliger Freund Sainte-Beuve.

Anfang Febr. **A la Colonne de la Place Vendôme.** (Od. 3, 7.)

Mai. **La Demoiselle.** (Od. 4, 16.)
26. Aug. **Soleils couchants.** (F. A. 35, 3.)
Okt. Vorrede zu **Cromwell.**
Nov. **Navarin.** (Orient. 5.)
1. Dez. **Douleur du Pacha.** (Orient. 7.)

Anfang Dez. V. H. veröffentlicht das Drama **Cromwell,** mit der Vorrede.

Dez. **A mon ami S.-B.** (Od. 4, 17.)
Dez. **A Madame la Comtesse A. H.** (Od. 5, 23.)
Ohne Monatsdatum:
Enthousiasme. (Orient. 4. Wohl vor Or. 5 anzusetzen)
Écrit en 1827. (Chans. des R. et des B. 5, 2. Vgl. jedoch Biré, S. 406.)
Fragment d'histoire. (Litt. et phil. mêl. S. 293.)

1828.

In der Nacht vom 28. zum 29. Jan. stirbt Hugo's Vater in Paris.
31. Jan. Beerdigung von Hugo's Vater.
13. Febr. V. H.'s **Amy Robsart** wird im Odéon gespielt.

Jan. **La Chasse du Burgrave.** (Ball. 11.)
14. Febr. Brief V. H.'s an das Journal des Débats in Sachen des Drama **Amy Robsart**.
12. März. **Chanson de Pirates** (Orient. 8.)
3.—5. April. **Grenade.** (Orient. 31.)
17. April. **Les Bleuets.** (Or. 32.)
April. **La Légende de la Nonne** (Ball. 13.)
April. **Ravin.** (Orient. 17.)
April. **Fantômes.** (Orient. 33.)
1. Mai. **Dictée en présence du Glacier du Rhône.** (F. A. 7.)
7.—8. Mai. **Bataille perdue.** (Orient. 16.)
14. Mai. **Lazzara.** (Orient. 21.)
Mai. **Fin.** (Od. 3, 8.)
Mai. **Marche turque.** (Orient. 15.)
Mai. **Romance mauresque.** (Or. 30.)
Mai. **Mazeppa.** (Orient. 34.)
1. Juni. **Attente.** (Orient. 20.)
8.—10. Juni. **L'Enfant.** (Orient. 18.)
Juni. **Pluie d'été.** (Od. 5, 24.)
Juni. **Rêves.** (Od. 5, 25.)
Juni. **Le Pas d'armes du Roi Jean** (Ball. 12.)
Juni. **Le Danube en Colère.** (Orient. 35.)
Juni. **Soleils couchants.** (F. A. 35, 2.)
7. Juli. **La Captive.** (Orient. 9.)
22. Juli. **Soleils couchants.** (F. A. 35, 2.)
28. Juli. **A M. David, Statuaire.** (F. A. 8.)
Juli. **Sara la Baigneuse.** (Orient. 19.)
25. Aug. **Malédiction.** (Orient. 25.)
28. Aug. **Les Djinns.** (Orient. 28.)

Gegen Ende des Sommers veröffentlicht V. H. die definitive Ausgabe der „**Odes et Ballades**".

Aug. Vorrede zur definitiven Ausgabe der „**Odes et Ballades**".
1. Sept. **Le Voile.** (Orient. 11.)
5. Sept. **Rêverie.** (Orient. 36.)
6. Sept. **Avant que mes chansons aimées.** (F. A. 39.)

21. Okt. Franz Hugo geboren, des Dichters zweiter Sohn. In der Geburtsanzeige führt V. H. den Titel „baron".

12. Sept. **Contempler dans son bain.** (F. A. 25.)
Sept. **Vœu.** (Orient. 22.)
Sept. **Soleils couchants.** (F. A. 35, 5.)
10. Okt. **Sultan Achmet.** (Orient. 29.)
14. Okt. bis 25. Dez. **Le dernier Jour d'un Condamné.**
21. Okt. **Cri de guerre du Mufti.** (Orient. 6.)
22. Okt. **La Sultane favorite.** (Orient. 12.)
Okt. **Le Feu du Ciel.** (Orient. 1.)
8. Nov. **Le Derviche.** (Orient. 13.)
10. Nov. **Les Tronçons du Serpent.** (Orient. 26.)
15. Nov. **Novembre.** (Orient. 41.)
24. Nov. **Adieux de l'Hôtesse Arabe.** (Orient. 24.)
25. Nov. **Nourmahal la Rousse.** (Orient. 27.)
25. Nov. **Extase.** (Orient. 37.)
26. Nov. **Le Château fort.** (Orient. 14.)
Nov. **Canaris.** (Orient. 2.)
Nov. **Bounaberdi.** (Orient. 39.)
Dez. **Lui.** (Orient. 40.)

1829.

Jan. V. H. veröffentlicht die „**Orientales**".
Febr. V. H. veröffentlicht **Le dernier jour d'un Condamné.**
Febr. V. H. veröffentlicht die zweite Auflage der **Orientales.**

Febr. Vorwort zu den „**Orientales**". (2. Aufl.)

April. **Soleils couchants.** (F. A. 35, 6.)
7. Mai. **Vois, cette branche est rude.** (F. A. 26.)
8. Mai. **A une Femme.** (F. A. 22.)
2.—9. Juni. 1. Akt. von **Marion Delorme.**
11.—13. Juni. 2. Akt von **Marion Delorme.**
12.—18. Juni. 3. Akt von **Marion Delorme.**
19. Juni. V. H. beginnt früh bei Tagesanbruch den 4. Akt von **Marion Delorme** und vollendet ihn in 24 Stunden.
24.—26. Juni. 5. Akt von **Marion Delorme.**
6. Juli. **A un Voyageur** (F. A. 6.)

7. Aug. Audienz Hugo's bei Karl X. in Sachen des Dramas Marion Delorme.

14. Aug. V. H. lehnt in einem Briefe an den Minister des Innern, Herrn de la Bourdonnaye, den ihm als Entschädigung für das Verbot seines Dramas Marion Delorme vom Könige gewährten neuen Jahresgehalt von 2000 Franken ab.
Im August veröffentlicht V. H. in der „Revue de Paris" die Beschreibung seiner 1825 unternommenen Schweizerreise von Sallenches nach Sevroz.

16. Juli. **C'est une chose grande.** (F. A. 13.)

9. Aug. **O toi qui si longtemps.** (F. A. 12.)

29. Aug. V. H. beginnt den 1. Akt des **Hernani**.

3.—6. Sept. 2. Akt des **Hernani**.
8.—14. Sept. 3. Akt des **Hernani**.
15.—20. Sept. 4. Akt des **Hernani**.
21.—25. Sept. 5. Akt des **Hernani**.
Nov. **Parfois, lorsque tout dort.** (F. A. 21.)

1830.

Jan. **Pour les Pauvres.** (F. A. 32.)

25. Febr. Erste Aufführung des **Hernani**.

12. März. Aufführung der Hernaniparodie NIN, ou le Danger des Castilles, am Theater der Porte Saint-Martin.

16. März. Aufführung der Hernaniparodie Oh! qu'Nenni, ou le Mirliton fatal, am Theater de le Gaîté.

23. März. Aufführung einer dritten Hernaniparodie am Theater des Variétés.

23. März. Aufführung der Hernaniparodie Harnali, ou la Contrainte par Cor, am Vaudeville-Theater.

9. März. Vorwort zu **Hernani**.

24. April. **Un jour au mont Atlas.** (F. A. 10.)
26. April. **Dédain.** (F. A. 11.)
11. Mai. **Laissez! — Tous ces enfants sont bien là.** (F. A. 15.)
Nur mit Mai datiert, aber wahrscheinlich vor dem 15. Mai anzusetzen: **A mes amis S.-B. et L. B.** (F. A. 27.)
15. Mai. **A mes amis S.-B. et L. B.** (F. A. 28.)
18. Mai. **Rêverie d'un Passant à propos d'un Roi.** (F. A. 3.)
18. Mai. **Lorsque l'enfant paraît.** (F. A. 19.)

18. Juni. Letzte Vorstellung des Hernani.

Im Juli verlegt V. H. seine Wohnung nach der Rue Jean Goujon, und wohnt dort bis 1832.

In diesem Jahre wird V. H.'s zweite Tochter Adele geboren. (Note zu Notre-Dame de Paris. 2, 427.)

13. Febr. V. H. veröffentlicht seinen Roman **Notre-Dame de Paris**.

28. Mai. **Où donc est le bonheur.** (F. A. 18.)
Mai. **O mes lettres d'amour.** (F. A. 14.)
Mai. **La Pente de la Rêverie.** (F. A. 29.)
Mai. **A... Trappiste à la Meilleraye.** (F. A. 33.)
Mai. **La Coccinelle.** (Contempl. 1, 15.) Paris.

27. Juni. **Quand le livre où s'endort chaque soir ma pensée.** (F. A. 16.)
30. Juni. **Que t'importe, mon cœur.** (F. A. 4.)
Juni. **Ce siècle avait deux ans.** (F. A. 1.)
Juni. **A M. Louis B.** (F. A. 2.)
Juni. **A M. de Lamartine.** (F. A. 9.)
Juni. **Oh! pourquoi te cacher.** (F. A. 17.)
Juni. **La Prière pour Tous.** (F. A. 37.)
25. Juli. V. H. fängt an, seinen Roman **Notre-Dame de Paris** zu schreiben, wird aber bald durch die Revolution darin unterbrochen.
Juli. **A André Chénier.** (Contempl. 1, 5.) Les Roches.
10. Aug. **Dicté après Juillet 1830** (Ch. Crép. 1.)
Von Aug. 1830 bis März 1831. **Journal des Idées et Opinions d'un Révolutionnaire de 1830.** (Litt. et phil. mêl.)
21. Sept. V. H. nimmt **Notre-Dame de Paris** wieder auf.
9. Okt. **A la Colonne.** (Ch. Crép. 2.)
9. Dez. **A Madame Marie M.** (F. A. 31.)
Ohne Monatsdatum:
Sur M. Dovalle. (Litt. et phil. mêl. S. 307 ff.)

1831.

15. Jan. V. H. beendigt **Notre-Dame de Paris.**
Febr. Vorwort zur ersten Ausgabe von **Notre-Dame de Paris.**
März. Bis zu diesem Monate reicht

das „**Journal d'un Révolutionnaire de 1830**". (Vgl. Aug. 1830.)

22. April. **Madame, autour de vous tant de grâce étincelle.** (F. A. 24.)

April. **Il n'avait pas vingt ans.** (Ch. Crép. 13. 1. Teil.)

Mai. **Vere novo.** (Contempl. 1, 12.)

Juni. **Le poète s'en va dans les champs.** (Contempl. 1, 2.) Les Roches.

Juni. **Vieille Chanson du jeune Temps.** (Contempl. 1, 19.) Paris.

8. Juli. **Bièvre.** A Mlle **Louise B.** (F. A. 34.)

Juli. **Hymne.** (Ch. Crép. 3.)

Aug. Vorrede zu **Marion Delorme.**

11. Aug. Erste Aufführung von Marion Delorme, am Theater der Porte Saint-Martin.

8. Nov. **Pan.** (F. A. 38.)

10. Nov. **Dans l'alcôve sombre.** (F. A. 20.)

24. Nov. Vorwort zu den „**Feuilles d'Automne**".

Nov. **Souvenir d'enfance.** (F.A. 30.)

Nov. **Un jour vient où soudain.** (F. A. 36.)

Nov. **Amis, un dernier mot.** (F. A. 40.)

31. Dez. A. Mlle **Louise B. — L'année en s'enfuyant par l'année est suivie.** (Ch. Crép. 37.)

Gegen Ende des Jahres veröffentlicht V. H. die **Feuilles d'Automne.**

In diesem Jahre veröffentlicht V. H. in der Revue des Deux Mondes die Beschreibung seiner 1825 unternommenen Reise von Sevroz nach Chamounix. (Vgl. 1829 Aug.)

1832.

Jan. Aufführung des Dramas Han d'Islande von Octo und Palmir, am Theater Ambigu-Comique.

18. Jan. **Envoi des Feuilles d'Automne à Madame..** (Ch. Crép. 18.)

15. März. V. H. beendet die Vorrede zu der neuen Ausgabe des „**Dernier Jour d'un Condamné**".

24. März. Vorwort zu der neuen Ausgabe des **Bug Jargal.**

Mai. **Sur le Bal de l'Hôtel de Ville.** (Ch. Crép. 6.)

3.—5. Juni. 1. Akt von **Le Roi s'amuse.**

7—13. Juni. 2. Akt von **Le R. s.**

15.—18. Juni. 3. Akt von **Le R. s.**

18.—21. Juni. 4. Akt von **Le R. s.**

22.—23. Juni. 5. Akt von **Le Roi s'amuse**.
9.—12. Juli. 1. Akt von **Lucrèce Borgia**.
13.—16. Juli. 2. Akt von **L. B.**
18.—20. Juli. 3. Akt von **L. B.**
20. Aug. **Noces et Festins.** (Ch. Crép. 4.)
30. Aug. **O Dieu, si vous avez la France sous vos ailes.** (Ch. Crép. 7.)
Aug. **Napoléon II.** (Ch. Crép. 5.)

Ende Sept. V. H. zieht nach Place Royale, No 6.

20. Okt. Note zur endgiltigen Ausgabe von **Notre-Dame de Paris**.
Okt. **A Canaris.** (Ch. Crép. 8.)

22. Nov. Erste Aufführung von **Le Roi s'amuse**, am Théâtre français.
23. Nov. Die Aufführung von **Le Roi s'amuse** wird von der Regierung verboten.

30. Nov. Vorrede zu **Le Roi s'amuse**.

19. Dez. Rede V. H's. vor dem Handelsgericht der Seine, in Sachen seines Dramas **Le Roi s'amuse**.

21. Dez. Vorrede zur 5. Ausgabe des **Le Roi s'amuse**.

23. Dez. In einem Briefe an den Minister d'Argout verzichtet V. H. auf den Jahresgehalt von 2000 Franken, den er bis dahin vom Ministerium des Innern bezog.

In diesem Jahre schreibt V. H. **Guerre aux Démolisseurs**, 2. Teil.

1833.

2. Febr. Erste Aufführung des Dramas **Lucrèce Borgia,** am Theater der Porte Saint-Martin.

12. Febr. Vorrede zu **Lucrèce Borgia**.
21. Mai. **Hier la nuit d'été.** (Ch. Crép. 21.)
Mai. Vorrede zu der neuen Ausgabe des **Han d'Islande**. Datiert von Paris.
Juni. **A Mlle Louise B. Ecrit sur la plinthe d'un bas-relief antique.** (Cont. 3, 21.)
Juli. **Je lisais. Que lisais-je?** (Cont. 3, 8.)
12.—16. Aug. 1. Akt von **Marie Tudor**.

17.—22. Aug. 2. Akt von **M. T.**
25. Aug. bis 1. Sept. 3. Akt von **M. T.**
Sept. **Seule au pied de la tour.** (Ch. Crép. 9.)

6. Nov. Erste Aufführung von **Marie Tudor** am Theater der Porte Saint-Martin.

17. Nov. Vorrede zu **Marie Tudor.**

In diesem Jahre schreibt V. H. **Ymbert Galloix.**

1834.

Jan. **Réponse à un Acte d'accusation.** (Cont. 1, 7.) Paris.
Jan. **Le poème éploré se lamente.** (Cont. 1, 9.) Paris.
18. Febr. **Nouvelle Chanson sur un vieil air.** (Ch. Crép. 22.)
März. Vorrede zu **Littérature et Philosophie mêlées.**
Juni. **Regardez! Les enfants se sont assis en rond.** (Voix int. 20.)

6. Juli. V. H. veröffentlicht „**Claude Gueux**", in der Revue de Paris.

Aug. **A Louis B. — Ami, le voyageur que vous avez connu.** (Ch. Crép. 32.)
14. Sept. **Oh! pour remplir de moi.** (Ch. Crép. 24.)
15. Sept. **A M. le Duc d'O. — Prince, vous avez fait une sainte action.** (Ch. Crép. 11.)
7. Okt. **Au Bord de la Mer.** (Ch. Crép. 28.)
16. Okt. **Date Lilia.** (Ch. Crép. 39.)
17. Okt. **Les autres en tout sens.** (Ch. Crép. 35.)
25. Okt. **Dans l'Église de...** (Ch. Crép. 33.) Aux Roches.
Okt. **Espoir en Dieu.** (Ch. Crép. 30.)
Nov. **Quelques Mots à un autre.** (Cont. 1, 26.) Paris.
7. Dez. **La pauvre fleur disait au papillon céleste.** (Ch. Crép. 27.)
Dez. **Conseil.** (Ch. Crép. 15.)
Dez. **L'aurore s'allume.** (Ch. Crép. 20.)

Aus diesem Jahre stammt Donizetti's Oper Lucrezia Borgia, und Verdi's Ernani.

In diesem Jahre schreibt V. H. den Essai über Mirabeau. (Litt. et phil. mêl.)

1835.

28. April. Erste Aufführung von **Angelo, Tyran de Padue.**

    1. Jan. ½1 Uhr Nachts: **Puisque j'ai mis ma lèvre à ta coupe encor pleine.** (Ch. Crép. 25.)
    Jan. **L'Enfance.** (Cont. 1, 23.) Paris.
    2.—6. Febr. 1. Akt von **Angelo, Tyran de Padoue.**
    6.—11. Febr. 2. Akt von **Angelo.**
    12.—19. Febr. 3. Akt von **Angelo.**
    19. Febr. **Puisque nos heures sont remplies.** (Ch. Crép. 29.)
    21. Febr. **Le grand homme vaincu peut perdre en un instant.** (Ch. Crép. 16.)
    1. März. **Chantez, chantez, jeune inspirée.** (Ch. Crép. 26.)
    1. April. **Passé.** (Voix int. 16.)

    April. **Le Poète.** (Cont. 3, 28.) Paris.
    7. Mai. Vorwort zu dem Drama **Angelo.**
    21. Mai. **Puisque mai tout en fleurs.** (Ch. Crép. 31.)
    31. Mai. **A propos d'Horace** (Cont. 1, 13.)
    Mai. **Les Oiseaux.** (Cont. 1, 18.) Paris.
    9. Juni. **Tentanda via est.** (Voix int. 25.)
    Juli. **A l'Homme qui à livré une Femme.** (Ch. Crép. 10.)
    21. Aug. **Anacréon, poète aux ondes érotiques.** (Ch. Crép. 19.)
    Aug. **Oui, je suis le rêveur.** (Cont. 1, 37.) Les Roches.
    4. Sept. **Il n'avait pas vingt ans.** (Ch. Crép. 13. 2. Teil.)
    6. Sept. **Oh! n'insultez jamais une femme qui tombe.** (Ch. Crép. 14.)
    14. Sept. **A Alphonse Rabbe, mort le 31 déc. 1829.** (Ch. Crép. 17.)
    18. Sept. **A Canaris.** (Ch. Crép. 12.)
    Sept. **Pensar, dudar. A Mlle Louise B.** (Voix int. 28.)
    13. Okt. **Que nous avons le doute en nous. A Mlle Louise B.** (Ch. Crép. 38.)
    18. Okt. **Toi! sois bénie à jamais.** (Ch. Crép. 36.)
    20. Okt. **Prélude.** (Ch. Crép.)

Ende d. J. veröffentlicht V. H. die „**Chants du Crépuscule**".

24. Okt. **Écrit sur la première Page d'un Pétrarque.** (Ch. Crép. 34.)
25. Okt. Vorwort zu den **Ch. du Crép.**
Okt. **A Olympio.** (Voix int. 30.)
Nicht später als
Febr. 1835. **Autre Chanson.** (Ch. Crép. 23.)

1836.

19. Mai. **Puisqu'ici-bas toute âme.** (Voix int. 11.)

Von Mitte Juni bis Juli reist V. H. in der Bretagne und in der Normandie.

17. Juni. **Une Nuit qu'on entendait la Mer sans la voir.** (Voix int. 24.)
Juni. **A Granville, en 1836.** (Cont. 1, 14.)
Juli. **Unité.** (Cont. 1, 25.) Granville.
Juli. **Oceano nox.** (R. et O. 42.) Saint-Valery-sur-Somme.
Juli. **A quoi je songe?** (Voix. int. 23.) Saint-Valery-en-Caux. Am Rande des Meeres.
Sept. **O muse, contiens-toi.** (Voix int. 32.)
9. Nov. **Soirée en Mer.** (Voix. int. 17.)

14. Nov. Erste Aufführung der Oper **La Esmeralda**.

14. Nov. Vorwort zu **La Esmeralda.**
Nov. **Sunt lacrymae rerum.** (Voix int. 2.)

In diesem Jahre unterliegt V. H. zum ersten Male bei den Wahlen für die französische Akademie, gegen Dupaty.

1837.

2. Febr. **A l'Arc de Triomphe.** (Voix int. 4.)
11. Febr. **Dieu est toujours là.** (Voix int. 5.)
17. Febr. **Fiat voluntas.** (R. et. O. 11.)
20. Febr. **Dans ce jardin antique.** (Voix int. 21.)
25. Febr. **Jeune fille, l'amour c'est d'abord un miroir.** (Voix int. 26.)
26. Febr. **Pendant que la Fenêtre était ouverte.** (Voix int. 9.)
4. März. **Oh! vivons! disent-ils.** (Voix int. 6.)

5. März. Des Dichters Bruder, Eugen Hugo, stirbt im Irrenhause von Charenton.

Hartmann, Zeittafel.

30. Mai. V. H. wohnt in Versailles der Hochzeitsfeier des Kronprinzen Ferdinand bei.

27. Juni. V. H. veröffentlicht die „Voix intérieures". Gleich darauf schenken ihm Kronprinz Ferdinand und dessen Gemahlin das Gemälde Ines de Castro, von Saint-Évre.
2. Juli. V. H. wird zum Offizier der Ehrenlegion ernannt.

6. Nov. Rede V. H.'s vor dem Handelsgericht der Seine, in Sachen

14. März. **Guitare.** (R. et O. 22.) Nacht vom 21. zum 22. März. **Dans Virgile parfois, dieu tout près d'être un ange.** (Voix int. 18.)
24. März. **Quelle est la fin de tout?** (Voix int. 3.)
März (nach dem 5.). **A Eugène, Vicomte H.** (Voix int. 29.)
3. April. **Rencontre.** (R. et O. 31.)
15. April. **Ce siècle est grand et fort.** (Voix int. 1.)
20. April. **A Albert Durer.** (Voix int. 10.)
21. April. **Venez, que je vous parle.** (Voix int. 8.)
23. April. **A des Oiseaux envolés.** (Voix int. 22.)
April. **Avril. A Louis B.** (Voix int. 14.)
15. Mai. **La Vache.** (Voix int. 11.)
16. Mai. **A une jeune Femme.** (R. et O. 28.)
18. Mai. **Jeune homme, ce méchant fait une lâche guerre.** (Voix int. 13.)
22. Mai. **A un Riche.** (Voix int. 19.)
26. Mai. **A Ol.** (Voix int. 12.)
29. Mai. **Que la Musique date du 16e Siècle.** (R. et O. 35.)

13. Juni. **La tombe dit à la rose.** (Voix int. 31.)
24. Juni. Vorwort zu den „**Voix intérieures**".
Juni. **Nuits de Juin.** (R. et O. 43.)
Juni. **Halte en marchant.** (Cont. 1, 29.) Wald von Compiègne.

6. Aug. **Après une Lecture de Dante.** (Voix int. 27.)
Aug. **Écrit sur la Vitre d'une Fenêtre flamande.** (R. et O. 18.)
12. Okt. **Quand tu me parles de gloire.** (R. et O. 24.)

Angelo's und **Hernani's**. Das Urteil gibt ihm Recht.
6. Dez. Rede V. H.'s vor dem Königlichen Gerichtshof in der nämlichen Sache.
12. Dez. V. H. erhält in zweiter Instanz Recht.

Dez. **La Statue.** (R. et O. 36.)
Ohne Jahreszahl, jedoch nicht nach 1837:
23. März. **O Virgile! ô poète! ô mon maître divin!** (Voix int. 7.)

1838.

8. März. Aufführung von **Marion Delorme** am Théâtre français.

20. Mai. **A cette terre où l'on ploie.** (R. et O. 30.)
8.—14. Juli. 1. Akt von **Ruy Blas**.

Gegen Mitte Juli reist V. H. von Paris ab nach dem Rheine.

Juli. **Melancholia.** (Cont. 3, 2.) Paris.
16.—22. Juli. 2. Akt von **Ruy Blas**.
18. Juli. **Autre Guitare.** (R. et O. 23.)
Juli. Brief V. H.'s von La-Ferté-sous-Jouarre. (Rhin 1, 17.)
21. Juli. Brief von Épernay. (Rhin 1, 27.)
23.—31. Juli. 3. Akt von **Ruy Blas**.
25. Juli. Brief von Varennes. (Rhin 1, 35.)
29. Juli. 1. Brief von Givet. (Rhin 1, 57.)
1. Aug. 2. Brief von Givet. (Rhin 1, 79.)
2. Aug. V. H. beginnt den 4. Akt von **Ruy Blas**.
3. Aug. 1. Brief von Lüttich. (Rhin 1, 87.)
4. Aug.(?) 2. Brief von Lüttich. (Rhin 1, 95.)
4. Aug. 1. Brief von Aachen. (Rhin 1, 109.)
6. Aug. 2. Brief von Aachen. (Rhin 1, 113.)
7. Aug. V. H. beendigt den 4. Akt von **Ruy Blas**.
8. Aug. V. H. beginnt den 5. Akt von **Ruy Blas**.
11. Aug. V. H. beendigt den 5. Akt von **Ruy Blas**.

11. Aug. 1. Brief von Andernach. (Rhin 1, 139.)
Aug. 2. Brief von Andernach. (Rhin 1, 169.)
Aug. 3. Brief von Andernach. (Rhin 1, 177.)
Aug. 4. Brief von Andernach. (Rhin 1, 185.)
17. Aug. 1. Brief von Sankt-Goar. (Rhin 1, 197.)
Aug. 2. Brief von Sankt-Goar. (Rhin 1, 221.)
Aug. 3. Brief von Sankt-Goar. (Rhin 1, 233.)
Aug. 4. Brief von Sankt-Goar. (Rhin 1, 239.)
23. Aug. 1. Brief von Lorch. (Rhin 1, 255.)
Aug. 2. Brief von Lorch. (Rhin 1, 265.)
27. Aug. 1. Brief von Bingen. (Rhin 1, 277.)
Aug. 2. Brief von Bingen. Darin die Legende vom schönen **Pécopin**. (Rhin 1, 335.)
15. Sept. 1. Brief von Mainz. (Rhin 1, 421.)
Sept. 2. Brief von Mainz. (Rhin 1, 439.)
Sept. 3. Brief von Mainz. (Rhin 2, 1.)
1. Oktbr. 4. Brief von Mainz. (Rhin 2, 21.)
Okt. 1. Brief vom Neckarufer. (Rhin 2, 57.)
Okt. 2. Brief vom Neckarufer. (Rhin 2, 93.)
Okt. Brief von Heidelberg. (Rhin 2, 103.)
Nov. Brief (Postskriptum) von Karlsruhe. (Rhin 2, 166.)

Anfang November. V. H. kehrt nach Paris zurück.

8. Nov. Erste Aufführung von **Ruy Blas** am Renaissance-Theater.

In diesem Jahre wird **Hernani** am Théâtre français wieder aufgenommen und hält sich auf dem Repertoire bis 1851.

25. Nov. Vorrede zu **Ruy Blas**.

1839.

25. März bis 1. April. **Fonction du Poète**. (R. et O. 1.)
29. März. **On croyait dans ces temps**. (R. et O. 5.)

10. April. **Sur un Homme populaire.** (R. et O. 6.)
14. April. **Puits de l'Inde!** (R. et O. 13.)
16. April. **En passant dans la Place Louis XV.** (R. et O. 25.)
26. April. **A un Poëte.** (R. et O. 21.)
27. April. **Quand vous vous assemblez, bruyante multitude.** (R. et O. 32.)
April. **Saturne.** (Cont. 3, 3.)
5. Mai. **Matelots! matelots! vous déploierez les voiles.** (R. et O. 16.)
7. Mai. **Comme dans les étangs assoupis sous les bois.** (R. et O. 10.)
23. Mai. **Mille Chemins, un seul But.** (R. et O. 26.)
Mai. **A M. le D. de... — Jules, votre château, tour vieille et maison neuve.** (R. et O. 8.)
1. Juni. **Spectacle rassurant.** (R. et O. 17.)
2. Juni. **A L. — Toute espérance, enfant, est un roseau.** (R. et O. 39.)
10.—13. Juni. **Le sept Août 1829.** (R. et O. 2.)
15. Juni. **Prélude.** (Cont. 1.)
17. Juni. **Le Monde et le Siècle.** (R. et O. 7.)
19. Juni. **Oh! quand je dors.** (R. et O. 27.)
24.—29. Juni. **Regard jeté dans une Mansarde.** (R. et O. 4.)
Juni. **Sous les Arbres.** (Cont. 2, 17.)
12. Juli, 12 Uhr Nachts. **Au Roi Louis-Philippe, après l'Arrêt de mort du 12 Juillet 1839.** (R. et O. 3.)
Aug. **A Louis B. — O Louis, je songeais.** (R. et O. 29.)
Aug. **Cæruleum mare.** (R. et O. 40.)
Aug. **Magnitudo.** (Cont. 3, 30.) Ingouville.
Aug. 1. Brief aus Strassburg. (Rhin 2, 171.)
Sept. 2. Brief aus Strassburg. (Rhin 2, 185.)
6. Sept. Brief aus Freiburg i/B. (Rn 2, 197.)
7. Sept. Brief aus Basel. (Rhin 2, 213.)
8. Sept. Brief aus Frick. (Rhin 2, 217.)

In diesem Jahre unterliegt V. H. zum zweiten Male bei den Wahlen der Akademie, gegen Molé.

9. Sept. Brief aus Zürich. (Rhin 2, 227.)

Sept. 2. Brief aus Zürich. (Rhin 2, 234.)

Sept. 3. Brief aus Zürich. (Rhin 2, 247.)

Sept. Brief aus Schaffhausen. (Rhin 2, 255.)

Sept. Brief aus Laufen. (Rhin 2, 261.)

21. Sept. Brief aus Vévey. (Rhin 2, 270.)

22. Sept. Brief aus Lausanne. (Rhin 2, 287.)

Nicht später als 1839:

183*. April. **L'Ombre.** (R. et O. 33.)

183*. Juni. **Elle était déchaussée.** (Cont. 1, 21.) Mont.-l'Am.

183*. Sept. **En écoutant les Oiseaux.** (Cont. 2, 9.) Caudebec.

183*. Okt. **Tristesse d'Olympio.** (R. et O. 34.)

1840.

1. Jan. **Dieu qui sourit et qui donne.** (R. et O. 41.)

Febr. **A Mlle Fanny de P. — O vous que votre âge défend.** (R. et O. 9.)

Febr. **A Laure, Duchesse d'A. — Puisqu'ils n'ont pas compris, dans leur étroite sphère.** (R. et O. 12.)

27. März. **Mère, l'enfant qui joue.** (R. et O. 17.)

März. **Dans le Cimetière de . . .** (R. et O. 14.)

12. April. **J'eus toujours de l'amour pour les choses ailées.** (R. et O. 37.)

April. **Sagesse. — A Mlle Louise B.** (R. et O. 44.)

April. **Ce firmament est plein de la vaste clarté.** (Cont. 1, 4.) La Terrasse.

April. **Chose vue un jour de printemps.** (Cont. 3, 17.)

April. **Au Statuaire David.** (R. et O. 20.)

4. Mai. Vorrede zu den „**Rayons et Ombres**".

August. **La Vie aux Champs.** (Cont. 1, 6.) La Terrasse.

In diesem Jahre unterliegt V. H. zum dritten Male bei den Wahlen der Akademie und zwar gegen Flourens.
V. H. veröffentlicht: **Les Rayons et les Ombres**.

4. Okt. Brief V. H.'s an Béranger aus Mainz. (Corresp. de Béranger, édit. Boiteau 3, 227.)
Okt. ? **Une terre au flanc maigre**. (Cont. 3, 11.)
Nov. **Explication**. (Cont. 3, 12.)
Dez. (nach dem 15.) **Le Retour de l'Empereur**. (Lég. d. Siècl. 4.)
Ohne Monatsdatum:
Écrit sur le Tombeau d'un petit enfant au Bord de la Mer. (R. et O. 38.)
A Madame D. G. d. G. (Cont. 1, 10.) Paris. (Nur zum Teil aus diesem Jahre.)

1841.

7. Jan. V. H. wird zum Mitgliede der französischen Akademie gewählt, an Stelle von Népomucène Lemercier.
2. Juni. Aufnahme V. H.'s in die Akademie. Auf seine Rede antwortet Salvandy. (Act. et l'ar. 1, 53.)

11. Aug. Wiederaufnahme des **Ruy Blas** am Theater der Porte Saint-Martin.

In diesem Jahre komponiert Mendelssohn seine Ouverture zu **Ruy Blas**.

Juli. „**Conclusion**" des Rhin. (Rhin 2, 293.)

Sept. **Intérieur**. (Cont. 3, 18.)
22. Okt. **A M. Paul Meurice**. (Cont. 1, 17.) Paris.

1842.

Jan. Vorrede zum „Rhin".
März. **Écrit au bas d'un Crucifix**. (Cont. 3, 4.)
Mai. **A un Poète aveugle**. (Cont. 1, 20.) Paris.
Mai. **Il faut que le poète**. (Cont. 1, 28.) Paris.
Juni. **Mes deux Filles**. (Cont. 1, 3.) La Terrasse, bei Enghien.
Juni. **Le Maître d'étude**. (Cont. 3, 16.)
Juni. **Baraques de la Foire**. (Cont. 3, 19.)
Juli. **J'aime l'araignée et j'aime l'ortie**. (Cont. 3, 27.)

21. Juli. V. H. liest vor dem Könige die von ihm selbst verfasste Beileidsadresse des Instituts, aus Anlass des plötzlichen Todes des Kronprinzen.

10. Sept. bis 19. Okt. **Les Burgraves.**

Okt. **A ma Fille.** (Cont. 1, 1.) Paris.

1843.

Jan. **La Nature.** (Cont. 3, 29.)
Jan. **Pure innocence! Vertu sainte!** (Cont. 4, 1.)
15. Febr. **Le 15 Février 1843.** (Cont. 4, 2).
Febr. **Quia pulvis es.** (Cont. 3, 5.)
Febr. **La Statue.** (Cont. 3, 7.)
Febr. **Jeune fille, la grâce emplit tes dix-sept ans.** (Cont. 3, 9.)

7. März. Erste Aufführung der **Burgraves.**

25. März. Vorrede der **Burgraves.**
April. **A la Mère de l'Enfant mort.** (Cont. 3, 14.)
Mai. **Lise.** (Cont. 1, 11.)
Mai. **La Chouette.** (Cont. 3, 13.)
Mai. **Épitaphe.** (Cont. 3, 15.)
Mai. **La Clarté du dehors.** (Cont. 3, 22.) Ingouville.
Juni. **Aux Arbres.** (Cont. 3, 24.)
Juli. **Écrit sur un exemplaire de la Divina Commedia.** (Cont. 3, 1.)
Juli. **Amour.** (Cont. 3, 10.)
Juli. **Joies du soir.** (Cont. 3, 26.) Biarritz.
25. Aug. **L'enfant, voyant l'aïeule.** (Cont. 3, 25.) Cauterets.
Aug. **Le Revenant.** (Cont. 3, 23.)

In den Sommermonaten unternimmt V. H. eine Reise durch Südfrankreich nach Spanien.

4. Sept. Des Dichters Tochter Leopoldine ertrinkt samt ihrem Gemahle in der Seine bei Villequier.

20. Dez. V. H. hält im Namen der französischen Akademie die Rede am Grabe C. Delavigne's. (Act. et Par. 1, 522.)

Ohne Monatsdatum:
Insomnie. (Cont. 3, 20.)

Zwischen 1830 und 1843 liegen folgende, nur mit dem Monatsdatum versehene Gedichte:
April. **Fête chez Thérèse.** (Cont. 1, 22.)
1. Mai. **Premier Mai.** (Cont. 2, 1.) Saint-Germain.
März. **Mes vers fuiraient, doux et frêles.** (Cont. 2, 2.) Paris.
Juni. **Le Rouet d'Omphale.** (Cont. 2, 3.)
Mai. **Chanson. — Si vous n'avez rien à me dire.** (Cont. 2, 4.)
Mai. **Hier au soir.** (Cont. 2, 5.)

Juni. **Lettre.** (Cont. 2, 6.) Bei Le Tréport.

Juli. **Nous allions au verger.** (Cont. 2, 7.) Triel.

Juni. **Tu peux comme il te plaît.** (Cont. 2, 8.) Paris.

Juli. **Mon bras pressait ta taille frêle.** (Cont. 2, 10.) Wald von Fontainebleau.

April. **Les femmes sont sur la terre.** (Cont. 2, 11.)

Sept. **Églogue. — Nous errions, elle et moi, dans les monts de Sicile.** (Cont. 2, 12.)

Aug. **Viens, une flûte invisible.** (Cont. 2, 13.) Les Metz.

Juni. **Billet du Matin.** (Cont. 2, 14.) Paris.

Nov. **Paroles dans l'Ombre.** (Cont. 2, 15.) Paris.

Juni. **L'hirondelle au printemps cherche les vieilles tours.** (Cont. 2, 16.) Fontainebleau.

Sept. **Je sais bien qu'il est d'usage.** (Cont. 2, 18.) Chelles.

Aug. **N'envions rien.** (Cont. 2, 19.)

31. Dez. **Il fait froid.** (Cont. 2, 20.)

Juli. **Il lui disait: Vois-tu!** (Cont. 2, 21.)

Mai. **Aimons toujours.** (Cont. 2, 22.)

Juni. **Après l'Hiver.** (Cont. 2, 23.)

Okt. **Que le sort, quel qu'il soit, vous trouve toujours grande.** (Cont. 2, 24.)

Aug. **Je respire où tu palpites.** (Cont. 2, 25.)

Aug. **Crépuscule.** (Cont. 2, 26.) Chelles.

Juni. **La Nichée sous le Portail.** (Cont. 2, 27.) Lagny.

Sept. 18.. (Montf.) und Jan. 18.. (Brüssel): **Un Soir que je regardais le Ciel.** (Cont. 2, 28.)

1844.

4. Sept. **Quand nous habitions tous ensemble.** (Cont. 4, 6.)

1845.

16. Jan. V. H., als Direktor, beantwortet die Rede des neu in die Akademie aufgenommenen Saint-Marc Girardin. (Act. et Par. 1, 89.)

27. Febr. V. H., als Direktor der Akademie, beantwortet die Rede des neu aufgenommenen Sainte-Beuve. (Act. et P. 1, 103.)

13. April. V. H. wird vom König zum Pair ernannt.

4. Sept. **A qui donc sommes-nous?** (Cont. 4, 8.)

1846.

18. Febr. Rede V. H.'s in der Pairskammer über das Eigentumsrecht an Kunstwerken. (Act. et Par. 1, 549.)

19. März. Rede V. H.'s in der Pairskammer über die polnische Frage. (A. et P. 1. 123.)

27. Juni. Rede V. H.'s in der Pairskammer über die Sicherung und Verteidigung der Küstenlinie. (A. et P. 1, 133.)

Juni. **Écrit en 1846.** (Cont. 5, 3.) Paris.

11. Juli. **On vit, on parle.** (Cont. 4, 11.) Bei der Rückkehr vom Kirchhofe.

4 Sept. **O Souvenirs! printemps! aurore!** (Cont. 4, 9.)

Sept. **Heureux l'homme occupé de l'éternel destin.** (Cont. 1, 24.) Paris.

Im September hielt sich V. H. in Villequier auf. (Vacquerie, Profils et Grim. 131.)

12. Okt. **Elle était pâle et pourtant rose.** (Cont. 4. 7.)

Okt. **La Source.** (Cont. 3, 6.)

10. Nov. **Trois Ans après.** (Cont. 4, 3.)

Nov. **Elle avait pris ce pli.** (Cont. 4, 5.)

Dez. **Claire.** (Cont. 6, 8.)

Zwei Reden in der Pairskammer über Fabrikmarken. (A. et P. 1, 552 und 554.)

1847.

April. **Pendant que le marin qui calcule et qui doute.** (Cont. 4, 10.)

14. Juni. Rede V. H.'s in der Pairskammer über die Familie Bonaparte. (A. et P. 1, 151.)

3. Sept. **Demain, dès l'aube, à l'heure où blanchit la campagne.** (Cont. 4, 14.)

27. Sept. Rede V. H.'s am Grabe Frédéric Soulié's, im Namen der dramatischen Dichter. (A. et P. 1, 525.)

4. Sept. **Maintenant que Paris, ses pavés et ses marbres.** (Cont. 4, 15.)

1848.

13. Jan. Rede V. H.'s in der Pairskammer über Pius IX. (A. et P. 1, 161.)

23. April. Bei den zum ersten Male nach dem allgemeinen Stimmrecht vorgenommenen Wahlen für die Constituante unterliegt V. H. mit 59 446 Stimmen.

April. **Veni, vidi, vixi.** (Cont. 4, 13.)

29. Mai. Rede V. H.'s in der Sitzung der Fünf Vereinigungen für Kunst und Industrie. (A. et P. 1, 185.)

5. Juni. V. H. wird mit 86 965 Stimmen zum Mitgliede der Constituante gewählt.

20. Juni. Brief an die Wähler. (A. et P. 1, 169.)

20. Juni. Rede V. H.'s in der Constituante über staatliche Werkstätten. (A. et P. 1, 209.)

Beim Juni-Aufstand wird V. H.'s Haus von Insurgenten überflutet, aber unversehrt gelassen. (A. et P. 3, 12.)

Ende Juni. Rede V. H.'s in der Constituante über die Pressfreiheit. (A. et P. 1, 223.)

17. Juli. Rede V. H.'s in der Constituante über die den Pariser Theatern zu gewährende Unterstützung. (A. et P. 1, 557.)

Juli. **Ce que le Poète se disait en 1848.** (Chât. 4, 2.) Paris.

1. Aug. V. H. veröffentlicht den Prospekt der Zeitung **L'Événement**.

14. Aug. Rede V. H.'s in einer Ausschusssitzung der Constituante über die den Transportierten zu gewährende Hilfe. (A. et P. 1, 564.)

2. Sept. Rede V. H.'s in der Constituante gegen den Belagerungszustand. (A. et P. 1, 229.)

15. Sept. Rede V. H.'s in der Constituante gegen die Todesstrafe. (A. et P. 1, 233.)

29. Sept. Erklärung V. H.'s vor dem Kriegsgerichte. (A. et P. 1, 577.)

11. Okt. Rede V. H.'s in der Constituante für die Pressfreiheit und gegen den Belagerungszustand. (A. et P. 1, 237.)

10. Nov. Rede V. H.'s in der Constituante über die staatliche Unterstützung von Litteratur und Kunst. (A. et P. 1, 247.)

31. Dez. Mitternacht. **Ceux qui vivent ce sont ceux qui luttent.** (Chât. 4, 9). Paris.

Kein Monatsdatum tragen:
Rede V. H.'s bei der Pflanzung eines Freiheitsbaumes auf dem Vogesenplatz. (A. et P. 1, 171.)
Rede V. H.'s in der Vereinigung der dramatischen Dichter. (A. et P. 1, 175.)
Erklärung V. H.'s an seine Mitbürger. (A. et P. 1, 181.)

1849.

15. Jan. Rede V. V.'s in einer Ausschusssitzung über die Auflösung der Constituante. (A. et P. 1, 566.)

29. Jan. Rede V. H.'s in der Constituante über die Auflösung. (A. et P. 1, 257.)

Febr. Kurze Rede V. H.'s in der Constituante über die Vollendung des Louvre. (A. et P. 1, 572.)

3. April. Rede V. H.'s in der Constituante über Theaterfreiheit. (A. et P. 1, 267.)

3. April. Kurze Äusserung V. H.'s in der Constituante über staatliche Unterstützung der Künstler. (A. et P. 1, 574.)

Mai. Rede V. H.'s am Schlusse der Session in der Sitzung der Fünf Vereinigungen. (A. et P. 205.)

8. Mai. V. H. wird in die Gesetzgebende Versammlung gewählt.

15. Juni. Kurze Rede V. H.'s in der Gesetzgebenden Versammlung über die Plünderung der Druckereien. (A. et P. 1, 612.)

Juni. Rede V. H.'s in der Ausschusssitzung über die Notlage. (A. et P. 1, 614.)

Juni. Rede V. H.'s in der Ausschusssitzung über das Unterrichtsgesetz. (A. et P. 1, 616.)

9. Juli. Rede V. H.'s in der Gesetzgebenden Versammlung über die Notlage. (A. et P. 1, 273.)

31. Juli. V. H. bekämpft im Ausschuss das Gesuch um Erlaubnis zu gerichtlicher Verfolgung zweier Abgeordneten. (A. et P. 1, 618.)

Aug. V. H. wird zum Vorsitzenden des in Paris tagenden Friedenskongresses gewählt.

21. Aug. Eröffnungsrede V. H.'s zum Friedenskongress. (A. et P. 1, 475.)

24. Aug. Schlussrede V. H.'s zum Friedenskongress. (A. et P. 1, 485.)

17. und 30. Sept. V. H. trägt im Staatsrate seine Ansichten über Theaterfreiheit vor. (A. et P. 1, 584 und 599.)

15. Okt. Rede V. H.'s in der Gesetzgebenden Versammlung gegen die Römische Expedition. (A. et P. 1, 289.)

20. Okt. Erwiderungsrede V. H.'s gegen Montalembert. (A. et P. 1, 309.)

1850.

15. Jan. Rede V. H.'s in der Gesetzgebenden Versammlung über die Unterrichtsfreiheit. (A. et P. 1, 311.)

5. April. Rede V. H.'s in der Gesetzgebenden Versammlung über die Deportation. (A. et P. 1, 333.)

20. Mai. Rede V. H.'s in der Gesetzgebenden Versammlung über das allgemeine Stimmrecht. (A. et P. 1, 357.)

23. Mai. Erwiderungsrede V. H.'s gegen Montalembert. (A. et P. 1, 379.)

Mai. Angelo, Tyran de Padoue wird am Théâtre français wieder aufgenommen.

9. Juli. Rede V. H.'s in der Gesetzgebenden Versammlung über die Pressfreiheit. (A. et P. 1. 385.)

20. Aug. Rede V. H.'s am Grabe Balzac's. (A. et P. 1, 531.)

Sept. **A des Journalistes de Robe courte.** (Chât. 4, 4.)

Sept. **Un autre.** (Chât. 4, 7.)

Paris.

1851.

6. Febr. V. H. bekämpft im Ausschuss der Gesetzgebenden Versammlung die für den Prinz-Präsidenten nachgesuchte Dotationserhöhung. (A. et P. 1, 620.)

11. Juni, Verteidigungsrede V. H.'s für seinen Sohn Karl vor dem Schwurgerichtshof der Seine. (A. et P. 1, 495.)

17. Juli. Rede V. H.'s in der Gesetzgebenden Versammlung über die Revision der Verfassung. (A. et P. 1, 417.)

18. Juli. Auseinandersetzung zwischen V. H. und Baroche. (A. et P. 1, 623.)

17. Juli. **Écrit le 17 Juillet 1851 en descendant de la Tribune.** (Chât. 4, 6.) Paris.

18. Sept. Brief V. H.'s an A. Vacquerie, Redakteur des „**Événement**". (A. et P. 1, 511.)

7. Nov. **L'Art et le Peuple.** (Chât. 1, 9.) Paris.

11. Nov. Rede in der «Réunion Lemardeley» über Aufhebung des Gesetzes vom 31. Mai. (A. et P. 1, 630.)

17. Nov. Besuch des Prinzen Hieronymus Bonaparte bei V. H. wegen der Umtriebe des Prinz-Präsidenten.

Nov. **A quatre Prisonniers après leur Condamnation.** (Chât. 4, 12.) Conciergerie.

2. Dez. Aufruf V. H.'s an das Volk. (A. es P. 1, 541.)

3. Dez. Aufruf V. H.'s an das Heer. (A. et P. 1, 542.)

3. Dez. Rede V. H.'s an das Volk. (A. et P. 1, 545.)

V. H. macht vergebliche Anstrengungen, den Kampf gegen den Präsidenten zu organisieren.

11. Dez. V. H. reist von Paris nach Brüssel ab.

12. Dez. **Toulon.** (Chât. 1, 6.) Geschrieben bei der Ankunft in Brüssel.

14. Dez. V. H. beginnt in Brüssel die **Histoire d'un Crime.**

Dez. **L'autre Président.** (Chât. 2, 6.) Brüssel.

In diesem Jahre erscheint Verdi's Oper Rigoletto, deren Libretto aus V. H.'s Le Roi s'amuse entlehnt ist.

1852.

3. Jan. **Le Te-Deum du 1er Janvier.** (Chât. 1, 6.) Brüssel.

5. Jan. **Confrontations.** (Chât. 1, 15.) Brüssel.

Jan. **Approchez-vous; ceci, c'est le tas des dévots.** (Chât. 1, 3.) Brüssel.

Jan. **Cette Nuit-là.** (Chât. 1, 5.) Brüssel.

Jan. **Querelles de Sérail.** (Chât. 3, 5.) Brüssel.

Juli. V. H.'s Familie folgt ihm ins Exil. (Bérang. Corresp. 4, 151.)

1. Aug. Abschiedsworte V. H.'s an seine Freunde bei der Abreise von Antwerpen. (A. et P. 2, 50.)
5. Aug. Ansprache an die Freunde bei der Ankunft in Jersey. (A. et P. 2, 57.)

31. Okt. Erklärung V. H.'s über das Französische Kaiserreich. (A. et P. 2, 63.) Jersey.

29. Nov. Rede V. H.'s beim polnischen Banket. (A. et P. 2 67.)

5. Mai. V. H. beendigt die **Histoire d'un Crime.**
Mai. **Vicomte de Foucault, lorsque vous empoignâtes.** (Chât. 4, 11.) Brüssel.
12. Juni. V. H. beginnt **Napoléon le Petit.**
14. Juli. V. H. beendigt **Napoléon le Petit.**
Juli. **Au Fils d'un Poète.** (Cont. 5, 2.) Brüssel.
Juli. **Les Commissions mixtes.** (Chât. 4, 3.) Brüssel.
Juli. **Les Martyres.** (Chât. 6, 2.) Bruxelles.
1. Aug. **Le Chant de ceux qui s'en vont sur mer.** (Chât. 5, 9.) Auf hoher See.

Aug. **Quelqu'un.** (Chât. 4, 5.) London.
Aug. **L'Homme a ri.** (Chât. 3, 2.) Jersey.
4. Sept. **Oh! je fus comme fou dans le premier moment.** (Cont. 4, 4.)
4. Sept. **Charles Vacquerie.** (Cont. 4, 17.) Jersey.
Sept. **A Aug. V.** (Cont. 5, 1.)
Sept. **Fable ou Histoire.** (Chât. 3, 3.) Jersey.
28. Okt. **C'est la nuit.** (Chât. 1, 14.) Jersey.

Okt. **Le Bord de la Mer.** (Chât. 3, 15.) Jersey.
Okt. **Non!** (Chât. 3, 16.) Jersey.
Okt. **Chanson. — Nous nous promenions.** (Chât. 4, 6.) Jersey.
Okt. **Le Progrès, calme et fort.** (Chât. 5, 8.) Jersey.
14. Nov. **Sacer esto.** (Chât. 4, 1.) Jersey.
25.—30. Novbr. **L'Expiation.** (Chât. 5, 13.) Jersey.
Nov. **Nox.** (Chât.) Jersey.
Nov. **Ad majorem dei gloriam.** (Chât. 1, 7.) Jersey.
Nov. **Oh! je sais qu'ils feront des mensonges sans nombre.** (Chât. 1, 11.) Jersey.

Nov. **Carte d'Europe.** (Chât. 1, 12.) Jersey.
Nov. **Ainsi les plus abjects.** (Chât. 3, 4.) Jersey.
Nov. **Orientale.** (Chât. 3, 6.) Jersey.
Nov. **Un bon Bourgeois dans sa Maison.** (Chât. 3, 7.) Jersey.
Nov. **Splendeurs.** (Chât. 3, 8.) Jersey.
Nov. **On loge à la Nuit.** (Chât. 4, 13.) Jersey.
Nov. **Tout s'en va.** (Chât. 5, 4.) Jersey.
Nov. **Le plus haut attentat que puisse faire un homme.** (Chât. 5, 12.) Jersey.
Nov. **Le Parti du Crime.** (Chât. 6, 11.) Jersey.
Nov. **A Juvénal.** (Chât. 6, 13). Jersey.
2. Dez. **Souvenir de la Nuit du 4.** (Chât. 2, 3.) Jersey.
2. Dez. **O Soleil! ô face divine!** (Chât. 2, 4.) Jersey.
2. Dez. **Ultima Verba.** (Chât. 7, 16.) Jersey.
Dez. **Le Pont.** (Cont. 6, 1.)
Dez. **Aux Morts du 4 Décembre.** (Chât. 1, 4.) Jersey.
Dez. **A un Martyr.** (Chât. 1, 8.) Jersey.
Dez. **Puisque le juste est dans l'abîme.** (Chât. 2, 5.) Jersey.
Dez. **Apothéose.** (Chât. 3, 1.) Jersey.
Dez. **A propos de la Loi Faider.** (Chât. 3, 14.) Jersey.
Dez. **Déjà nommé.** (Chât. 4, 8.) Jersey.
Dez. **Pauline Roland.** (Chât. 5, 11.) Jersey.
Dez. **Chanson. — Courtisans! attablés dans la splendide orgie.** (Chât. 1, 10.) Jersey.

1853.

7. — 13. Jan. **A l'Obéissance passive.** (Chât. 2, 7.) Jersey.
Jan. **Ibo.** (Cont. 6, 2.) Am Dolmen von Rogel.
Jan. **Joyeuse Vie.** (Chât. 3, 9.) Jersey.
Jan. **A un qui veut se détacher.** (Chât. 5, 10.) Jersey.

Febr. **Chanson.** — **La femelle est morte.** (Chât. 1, 13.) Jersey.
Febr. **L'histoire a pour égouts.** (Chât. 3, 13) Jersey.
19. März. **Sonnez, sonnez toujours, clairons de la pensée.** (Chât. 7, 1.) Jersey.
13. April. **Chanson.** — **A quoi ce proscrit pense-t-il?** (Chât. 7, 14.) Jersey.

20. April. Rede V. H.'s am Grabe Jean Bousquet's in Jersey. (A. et P. 2, 77.)

28. April. **Aube.** (Chât. 4, 10.) Jersey.
30. April. **L'Égout de Rome.** (Chât. 7, 4.) Jersey.
April. **Un spectre m'attendait dans un grand angle d'ombre.** (Cont. 6, 3.) Am Dolmen von Rogel.
April. **Idylles.** (Chât. 2, 1.) Jersey.
April. **Cette nuit, il pleuvait.** (Chât. 7, 9.) Jersey.
23. Mai. **Force des Choses.** (Chât. 7, 13.) Jersey.
24. Mai. **Éblouissements.** (Chât. 6, 5.) Jersey.
26. Mai. **Apportez vos chaudrons, sorcières de Shakspeare.** (Chât. 6, 10.) Jersey.
28. Mai. **Floréal.** (Chât. 6, 14.) Jersey.
31. Mai. **Napoléon III.** (Chât. 6, 1.) Jersey.
Mai. **Au Peuple.** (Chât. 2, 2.) Jersey.
Mai. **O Robert, un conseil.** (Chât. 3, 12) Jersey.
Mai. **Aux Femmes.** (Chât. 6, 8.) Jersey.
Mai. **C'était en juin.** (Chât. 7, 5.) Jersey.
Juni. **Le Manteau impérial.** (Chât. 5, 3.) Jersey.
Juni. **O drapeau de Wagram! ô pays de Voltaire!** (Chât. 5, 5.) Jersey.
Juni. **Les grands Corps de l'État.** (Chât. 5, 7.) Jersey.
Juni. **La Caravane.** (Chât. 7, 8.) Jersey.
Juli. Vorwort zur neuen Ausgabe der **Odes et Ballades.**

26. Juli. Rede V. H.'s am Grabe von Louise Julien in Jersey. (A. et P. 2, 87.)

Juli. **Écoutez! Je suis Jean.** J'ai vu des choses sombres. (Cont. 6, 4.) Serk.
Juli. **Sentiers où l'herbe se balance.** (Chât. 3, 11.)
Juli. **Le Sacre.** (Chât. 5, 1.) Jersey.
Juli. **Chanson. — Un jour Dieu sur sa table.** (Chât. 5, 2.) Jersey.
Juli. **Hymne des Transportés.** (Chât. 6, 3.) Jersey.
Juli. **Luna.** (Chât. 6, 7.) Jersey.
Juli. **Au Peuple.** (Chât. 6, 9.) Am Rande des Oceans.
Juli. **La Reculade.** (Chât. 7, 2.) Jersey.
1. Aug. **Quand l'eunuque régnait.** (Chât. 7, 11.) Jersey.
31. Aug. **Stella.** (Chât. 6, 15.) Jersey.
Aug. **France! à l'heure où tu te prosternes.** (Chât. 1, 1.) Jersey.
Aug. **On est Tibère, on est Judas, on est Dracon.** (Chât. 5, 6.) Jersey.
Aug. **On dit: Soyez prudents.** (Chât. 6, 12.) Jersey.
Sept. **A Ceux qui dorment.** (Chât. 6, 6.) Jersey.
Sept. **O gouffre! l'âme plonge et rapporte le doute.** (Cont. 6, 14.) Marine-Terrace.
Sept. **Applaudissement.** (Chât. 6, 17.) Jersey.
Sept. **Le Chasseur noir.** (Chât. 7, 3.) Jersey.
Sept. **Chanson. — Sa grandeur éblouit l'histoire.** (Chât. 7, 6.) Jersey.
Sept. **Patria.** (Chât. 7, 7.) Jersey.
9. Okt. **La Fin.** (Chât.) Jersey.
Okt. **A quoi songeaient les deux Cavaliers dans la Forêt.** (Cont. 4, 12.)
17. Nov. **Voix dans le Grenier.** (Quatre Vents 1, 6.)
23. Nov. **Deux Voix dans le Ciel.** (Quatre Vents 1, S. 183.)

29. Nov. Rede V. H.'s bei dem polnischen Banket in Jersey. (A. et P. 2, 95.)

16. — 20. Dez. **Lux.** (Chât.) Jersey.
23. Dez. **Paroles d'un Conservateur à propos d'un Perturbateur.** (Chât. 7, 12.) Jersey.

Dezbr. **L'Empereur s'amuse.** (Chât. 3, 10.) Jersey.
Ohne Monatsdatum:
Il est des jours abjects. (Chât. 7, 15.) Jersey.
Ohne Monat und Jahr, doch nicht nach 1853:
Les trois Chevaux. (Chât. 6, 16.)
La Vision de Dante. (Lég. d. Siècl. 3.)
Vorwort zur 1. Ausgabe der **Châtiments**.
Vorwort zur 2. Ausgabe der **Châtiments**.

V. H. veröffentlicht eine erste Ausgabe der **Châtiments** in Brüssel und noch in demselben Jahr eine zweite in Jersey.

1854.

10. Jan. Adresse an die Bewohner von Guernesey (wegen eines Todesurteiles). (A. et P. 2, 105.)
Jan. **A Celle qui est voilée.** (Cont. 6, 15.) Marine-Terrace.
11. Febr., Jersey. Brief an Lord Palmerston wegen eines Todesurteiles. (A. et P. 2, 121.)

24. Febr. Rede V. H.'s zur Feier des 24. Febr. 1848. (A. et P. 2, 137.)

28. Febr. **Sur la Falaise.** (Quatre Vents 3, 19.)
30. März. **Horror.** (Cont. 6, 16.) Marine-Terrace.
30. März. **Dolor.** (Cont. 6, 17.) Marine-Terrace.
März. **Mors.** (Cont. 4, 16.)
April. **La source tombait du rocher.** (Cont. 5, 4.)
April. **Pleurs dans la Nuit.** (Cont. 6, 6.) Jersey, Johannis-Friedhof.
April. **A la Fenêtre pendant la Nuit.** (Cont. 6, 9.) Marine-Terrace.
Mai. **Chanson. — Proscrit, regarde les roses.** (Quatre Vents 3, 25.)
14. Juni. **Appel aux Concitoyens.** (A. et P. 2, 145.)
5. Aug. **Paroles sur la Dune.** (Cont. 5, 13.) Jersey.
19. Sept. **Lettre.** (Quatre Vents 3, 47.) Jersey.

27. Sept. Rede V. H.'s am Grabe Felix Bony's. (A. et P. 2, 147.)

8. Okt. **Jersey.** (Quatre Vents 3, 14.)

30. Okt. **Chanson. — Il est un peu tard.** (Quatre Vents 3, 30.)
Okt. **Suite de la Réponse à un Acte d'accusation.** (Cont. 1, 8.) Jersey.
2. Nov. **Ce que c'est que la Mort.** (Cont. 6, 22.) Am Dolmen des weissen Turmes.
22. Nov. **Littérature.** (Quatre Vents 1, 13.)

29. Nov. Rede V. H.'s beim polnischen Bankct über den orientalischen Krieg. (A. et P. 2, 159.)

Nov. **Pour l'erreur, éclairer, c'est apostasier.** (Cont. 5, 7.) Marine-Terrace.
Nov. **O strophe du poète, autrefois dans les fleurs.** (Cont. 5, 25.) Jersey.
22. Dez. **Avertissement à M. Bonaparte.** (A. et P. 2, 173.)

Dez. Sir Robert Peel lässt im Hause der Gemeinen drohende Worte gegen V. H. fallen.

Dez. **A Jules Janin.** (Cont. 5, 8.) Marine-Terrace.
Dez. **Le Mendiant.** (Cont. 5, 9.) Marine-Terrace.
Dez. **A Al. Dumas.** (Cont. 5, 15.) Marine-Terrace.
Dez. **Croire, mais pas en nous.** (Cont. 6, 5.) Marine-Terrace.
Ohne Monatsdatum:
Ma vie entre déjà dans la tombe. (Quatre Vents 3, 33.)

1855.

Jan. **J'ajoute un postscriptum.** (Cont. 5, 3, 2. Teil.) Jersey.
Jan. **A Vous qui êtes là.** (Cont. 5, 6.) Marine-Terrace.

24. Febr. Rede V. H.'s zur Feier des 24. Febr. 1848. (A. et P. 2, 177.)

3. März. **Ponto.** (Cont. 5, 11.) Marine-Terrace.
17. März. **Dieu ne frappe qu'en haut.** (Quatre Vents 3, 11.)
März. **Nomen, numen, lumen.** (Cont. 6, 25.) Am Dolmen von Faldouet.
8. April. Schreiben V. H.'s an Louis Bonaparte. (A. et P. 2, 197.)
April. **Pasteurs et Troupeaux.** (Cont. 5, 23.) Jersey, Grouville.
Juni. **A Mlle Louise B. — O vous, l'âme profonde.** (Cont. 5, 5.) Marine-Terrace.
Juni. **Claire P.** (Cont. 5, 14.)

Juni. **Oh! par nos vils plaisirs.** (Cont. 6, 11.)

Juni. **Aux Anges qui nous voient.** (Cont. 6, 12.)

Juni. **Hélas! Tout est sépulcre.** (Cont. 6, 18.) Am Dolmen von Corbière.

Juli. **Lueur au Couchant.** (Cont. 5, 16.) Marine-Terrace.

Juli. **Mugitusque boum.** (Cont. 5, 17.) Marine-Terrace.

Juli. **Je payai le pêcheur.** (Cont. 5, 22.) Jersey.

Juli. **Éclaircie.** (Cont. 6, 10.) Marine-Terrace.

Aug. **Aux Feuillantines.** (Cont. 5, 10.) Marine-Terrace.

Aug. **Dolorosæ.** (Cont. 5, 12.) Marine-Terrace.

Aug. **A Paul M., auteur du drame Paris.** (Cont. 5, 21.) Marine-Terrace.

Aug. **J'ai cueilli cette fleur pour toi sur la colline.** (Cont. 5, 24.) Serk.

Aug. **Cadaver.** (Cont. 6, 13.) Auf dem Friedhofe.

In diesem Jahre (vor dem 4. Sept.) stirbt des Dichters ältester Bruder Abel, Graf Hugo. (Vergl. Cont. 6, 24.)

4. Sept. **En frappant à une porte.** (Cont. 6, 24.) Marine-Terrace.

Sept. **Apparition.** (Cont. 5, 18.) Jersey.

Sept. **Les Malheureux.** (Cont. 5, 26.) Marine-Terrace.

Sept. **Un jour, le morne esprit, le prophète sublime.** (Cont. 6, 7.) Jersey.

17. Okt. Erklärung V. H.'s bei Gelegenheit der Ausweisung mehrerer Verbannter aus Jersey. (A. et P. 2, 210.)

26. Okt. Der «Moniteur» in Paris veröffentlicht das gegen V. H. erlassene Ausweisungsdekret.

27. Okt. V. H. erhält das Ausweisungsdekret zugestellt.

Okt. **Voyage de Nuit.** (Cont. 6, 19.) Marine-Terrace.

Okt. **Religio.** (Cont. 6, 20.) Marine-Terrace.

Ohne Monatsdatum, aber noch vor den 31. Okt. 1855 fallend:

A Madame D. G. de G. (Cont. 1, 10.) Jersey. Dies Gedicht war schon früher begonnen,

31. Okt. V. H. siedelt von Jersey nach Guernesey über.

Ce que dit la Bouche d'Ombre. (Cont. 6, 26.) Jersey.
Cerigo. (Cont. 5, 20.)

Nicht später als 1855:
11. Dez. **Au Poète qui m'envoie une plume d'aigle.** (Cont. 5, 19.)

1856.

Jan. **Spes.** (Cont. 6, 21.)
Jan. **Les Mages.** (Cont. 6, 23.)
März. Vorrede zu den „**Contemplations**".

Im April veröffentlicht V. H. in Paris die „**Contemplations**".
16. Mai. V. H. kauft Hauteville-House auf der Insel Guernesey.

26. Mai. **Appel à l'Italie.** (A. et P. 2, 223.)

1. Juni. V. H. veröffentlicht den «Appel à l'Italie». (A. et P. 2, 223.)

25. Aug. Guernesey. V. H.'s Brief an Rigopoulos. (A. et P. 2, 229.)

Schon in diesem Jahre waren die „**Chansons des Rues et des Bois**", zum Teil wenigstens, fertig, ebenso ein Teil der „**Légende des Siècles**" (damals unter dem Titel: „**Petites Épopées**"). Vergl. A. Vacquerie, Profils et Grimaces, S. 423.
Schon in diesem Jahre schreibt Frau Hugo an der Biographie ihres Mannes. Ib. 422.

1857.

April. **La Vision d'où est sorti ce livre.** (Lég. des Siècl. 1.)
Sept. Vorwort zu der „**Légende des Siècles**".
4. Okt. **A ma Fille Adèle.** (Quatre Vents 3, 16.)

1858.

Im Juli und August ist V. H. nicht unbedenklich krank an einem Karbunkelgeschwür.
Juli. V. H.'s Sohn Karl reist mit seinem Vetter Asseline in England und Schottland (Stratford, Newstead, Abbotsford).

1859.

In diesem Jahre erscheint der erste Teil der „**Légende des Siècles**".

18. Aug. Erklärung V. H.'s über die Amnestie. (A. et P. 2, 233.)

2. Dez. Schreiben V. H.'s an die Vereinigten Staaten von Amerika, für John Brown. (A. et P. 2, 235.)

1860.

18. Juni. Auf eine von 500 Bürgern gezeichnete Einladung kommt V. H. nach Jersey und hält in einer öffentlichen Versammlung eine Rede zu Gunsten Garibaldi's. (A. et P. 2, 243.)

An demselben Tage, bei dem auf die Versammlung folgenden Banket hält V. H. eine zweite Rede über denselben Gegenstand. (A. et P. 2, 255.)

31. März. Brief V. H.'s an Heurtelon, Redakteur des «Progrès» in Port-au-Prince. (A. et P. 2, 263.)

1861.

Ende Mai besucht V. H. das Schlachtfeld von Waterloo.

Seit diesem Jahre speist V. H.'s in seinem Hause allwöchentlich eine Anzahl armer Kinder.

25. Nov. Brief V. H.'s an den Kapitän Butler über den chinesischen Krieg. (A. et P. 2, 273.)

1862.

3. April. V. H. veröffentlicht die ersten Bände der «Misérables».

16. Sept. Rede V. H.'s beim Banket von Brüssel. (A. et P. 2, 283.)

21. Jan. Brief V. H.'s an die belgischen Zeitungen für die zum Tode Verurteilten von Charleroi. (A. et P. 2, 273.)

15. Juli. Brief V. H.'s an Barbès. (A. et P. 2, 281.)

5. Okt. Brief V. H.'s an Castel: le Banquet des Enfants pauvres. (A. et P. 2, 291.)

18. Okt. Brief V. H.'s an Daelli, Herausgeber der italienischen Übersetzung der «Misérables». (Misér. 5, 505.)

17. Nov. Brief V. H.'s an Bost in Genf (Abschaffung der Todesstrafe). (A. et P. 2, 296.)
29. Nov. Zweiter Brief V. H.'s an Bost in Genf. (A. et P. 2, 312.)
2. Dez. Brief V. H.'s an den Redakteur des «Temps». (A. et P. 2, 315.)

1863.

Jan. Erste Aufführung des Dramas «Les Misérables» von Karl Hugo, in Brüssel.

11. Febr. **A l'Armée russe.** (A. et P. 2, 323.)
Schreiben V. H.'s an die Bewohner von Puebla. (A. et P. 2, 327.)
18. Nov. Brief V. H.'s an Garibaldi. (A. et P. 2, 325.)

In diesem Jahre erscheint: **Victor Hugo raconté par un Témoin de sa vie.**

1864.

20. Jan. Brief V. H.'s an Mr. Dixon, Sekretär des Shakespeare-Ausschusses. (A. et P. 2, 555.)
16. April. Brief V. H.'s an den Shakespeare-Ausschuss. (A. et P. 2, 334.)
17. April. Brief V. H.'s an A. Queyroy (Les rues et maisons du vieux Blois). (A. et P. 2, 337.)
4. Juni. V. H. beginnt den Roman **Le Travailleurs de la Mer.**
4. Aug. V. H. unterbricht den Roman **Les Travailleurs de la Mer** wegen seiner jährlichen Reise.
4. Dez. V. H. nimmt den Roman **Les Travailleurs de la Mer** wieder auf.

In diesem Jahre veröffentlicht V. H. seinen „**Shakespeare**".

1865.

19. Jan. Rede am Grabe der im Exil verstorbenen Emily de Putron in Guernesey. (A. et P. 2, 347.)

4. März. Brief V. H.'s an den Ausschuss für die Beccaria-Statue. (A. et P. 2, 351.)
29. April. V. H. beendigt den Roman **Les Travailleurs de la Mer.**
1. Mai. Brief V. H.'s an den Gonfaloniere von Florenz aus Anlass der Dantefeier. (A. et P. 2, 353.)

In diesem Jahre veröffentlicht V. H. die „**Chansons des Rues et des Bois**".

23. Okt. Brief V. H.'s an den Kongress der belgischen Studenten. (A. et P. 2, 359.)

1866.

Anfang des Jahres heiratet des Dichters Sohn Karl in Brüssel.
12. März. V. H. veröffentlicht den Roman „**Les Travailleurs de la Mer**".

19. März. Brief V. H.'s an Clément Duvernois. (A. et P. 2, 363.)
21. Juli. V. H. beginnt den Roman **L'Homme qui rit** in Brüssel.
27. Juli. Brief V. H.'s an einen Freund über die Verurteilung Bradley's. (A. et P. 2, 367.)

In den Sommer dieses Jahres fällt V. H.'s Reise nach Zeeland, wo ihm von der Bevölkerung zahlreiche Ovationen bereitet werden.
Darauf nimmt er einen längeren Aufenthalt in Chaudfontaines bei Lüttich.

2. Dez. V. H.'s Manifest für Kreta. (A. et P. 2, 369.)

1867.

Aus Anlass der Pariser Weltausstellung veröffentlicht V. H. die Schrift „**Paris**".

17. Febr. Schreiben V. H.'s an die Kreter, von Hauteville-House. (A. et P. 2, 377.)
28. Mai. Schreiben V. H.'s an England, für die Fenier. (A. et P. 2, 383.)

20. Juni. Hernani wird am Théâtre français wieder zur Aufführung gebracht.

20. Juni. Schreiben V. H.'s an den Präsidenten der Republik Mexiko. (A. et P. 2, 389.)
Brief V. H.'s an den Redakteur des «Siècle» in Sachen der Voltairestatue. (A. et P. 2, 395).
3. Juli. Brief V. H.'s an den Redakteur der «Coopération». (A. et P. 2, 397.)
15. Juli. Brief V. H.'s an Pedro de Brito Abanho. (A. et P. 2, 400.)
22. Juli, Brüssel. Brief V. H.'s an die Dichter von Paris. (A. et P. 2, 404.)

Nov. Aus Anlass der Veröffentlichung des Gedichtes «Mentana» werden die Vorstellungen des Hernani in Paris

Nov. **Mentana. A Garibaldi.** Hauteville-House. (A. et P. 2, 407.)

verboten, ebenso die in Vorbereitung begriffene Aufführung des «Ruy Blas».
Dez. Ansprache V. H.'s bei der Weihnachtsbescheerung für arme Kinder. (A. et P. 2, 395.)

1868.

Im März stirbt sein Enkel Georg.

27. Aug. Frau Hugo stirbt.

Dez. Weihnachtsansprache V. H.'s. (A. et P. 2, 444.)

16. März. Schreiben V. H.'s an Venedig. (A. et P. 2, 429.)

Mai. **Il faut agir, il faut marcher.** (Quatre Vents 1, 34.)

9. Juli. Brief V. H.'s an G. Flourens. (A. et P. 2, 431.)

23. Aug. V. H. beendigt den Roman **L'Homme qui rit** in Brüssel.

22. Okt., Hauteville-House. Schreiben V. H.'s an Spanien. (A. et P. 2, 436.)

22. Nov., Hauteville-House. Zweites Schreiben V. H.'s an Spanien. (A. et P. 2, 441.)

1869.

Anfang des Jahres veröffentlicht V. H. den Roman **L'Homme qui rit.**

4. Mai. Die Zeitung «Le Rappel» wird in Paris begründet von Paul Meurice, Auguste Vacquerie, Henri Rochefort, Charles Hugo und François Hugo.

14. Sept. V. H. eröffnet als Präsident den Friedenskongress in Lausanne. (A. et P. 2, 463.)

6. Febr., Hauteville-House. Aufruf V. H.'s an Amerika, für Kreta. (A. et P. 2, 452.)

Febr. Schreiben V. H.'s an Voloudaki, Präsident der provisorischen Regierung von Kreta. (A. et P. 2, 451.)

16. März. Beileidsschreiben V. H.'s an Frau Valentine de Cessiat, bei Lamartine's Tode. (Bei Ulbach, Almanach de V. H. unter dem 16. März.)

25. April. Schreiben V. H.'s an die Redaktion des «Rappel». (A. et P. 2, 455.)

4. Sept., Hauteville-House. Schreiben V. H.'s an den Friedenskongress in Lausanne. (A. et P. 2, 463).

12. Sept. Hauteville-House. Schreiben V. H.'s an Felix Pyat. (A. et P. 2, 473.)

18. Sept. V. H. schliesst als Präsident den Friedenskongress in Lausanne. (A. et P. 2, 468.)

29. Sept. Des Dichters Enkelin, Jeanne Hugo, wird geboren.

12. Okt. Brief V. H.'s an Louis Jourdan. (A. et P. 2, 475.) Brüssel.

2. Dez. Schreiben V. H.'s an den Präsidenten des Amerikanischen Ausschusses in London. (A. et P. 2, 479.) Hauteville-House.

18. Dez. Brief V. H.'s an seinen in einem Pressprozess verurteilten Sohn Karl. (A. et P. 2, 483.)

Nur das Datum 2. Dez. trägt: **Tant qu'on verra l'amour pleurer.** (Quatre Vents 3, 39.) Dies Gedicht fällt spätestens 1869.

24. Dezbr. Weihnachtsansprache V. H.'s. (A. et P. 2, 489.)

1870.

Adresse V. H.'s an die Frauen von Kuba. (A. et P. 2, 495.)

Erklärung V. H.'s für Kuba. (A. et P. 2, 498.)

2. Febr. Lucrèce Borgia wird in Paris wieder aufgenommen.

8. Febr. Brief V. H.'s an George Sand. (A. et P. 2, 510.)

8. Febr. **A Meurice. — A Vacquerie.** (Quatre Vents 3, 31.)

27. Febr. Brief V. H.'s an den Oberst Berton (A. et P. 2, 513.)

7. April. Rede V. H.'s am Grabe seines Freundes Kesler. (A. et P. 2, 515.)

April. Adresse V. H.'s an die Seeleute des Englischen Kanals. (A. et P. 2, 521.)

14. April. Brief V. H.'s an den Connétable von Saint-Pierre-Port. (A. et P. 2, 525.)

22. April. Schreiben über die Arbeit in Amerika. (A. et P. 2, 527.)

26. April. **La satire à présent.** (Quatre Vents 1, 5.)

27. April. Erklärung über das Plebiszit. (A. et P. 2, 529.)

Mai. V. H. veröffentlicht das Gedicht **Les 7 500 000 Oui.** (Später Prolog der «Année Terrible».)

14. Juli. **En plantant le Chêne des États-Unis d'Europe dans le**

Jardin de Hauteville-House. (Quatre Vents 3.)
22. Juli. Adresse an die Frauen von Guernesey. (A. et P. 2, 535.)
31. Aug. **Au Moment de rentrer en France.** (Chât.) Brüssel.

5. Sept. V. H. kommt nach Paris zurück und bleibt dort während der Belagerung.
5. Sept. Ansprache V. H.'s an die Pariser. (A. et P. 3, 47.)

9. Sept. **Appel aux Allemands.** (A. et P. 3, 51.)
17. Sept. **Appel aux Français.** (A. et P. 3, 59.)
30. Sept. **A petite Jeanne.** (Ann. Terr. Sept. V.) Paris.
2. Okt. **Appel aux Parisiens.** (A. et P. 3, 65.)

20. Okt. V. H. veröffentlicht, zum ersten Male in Frankreich, eine Ausgabe der „**Châtiments**".

22. Okt. Brief V. H.'s an die «Société des Gens de Lettres» in Sachen der Châtiments.
30. Okt. Zweiter Brief V. H.'s an die «Société des Gens de Lettres» in derselben Angelegenheit.
Okt. (nach dem 20.). **J'étais le vieux rôdeur.** (Ann. Terr. Oct. I.)

Seit dem 5. Nov. bis in den Januar 1871 werden auf den Pariser Theatern Stücke aus den Châtiments öffentlich vorgetragen. V. H. wohnt keinem dieser Vorträge bei.

16. Nov. **Je ne sais si je vais sembler étrange.** (Ann. terr. Nov. VII.)
17. Nov. **Qu'on ne s'y trompe pas.** (Ann. terr. Nov. VIII.)
20. Nov. **Les Forts.** (Ann. terr. Déc. VI.)
22. Nov. Brief V. H.'s an G. Chaudey. (A. et P. 3, 87.)
Nov. **Paris bloqué.** (Ann. terr. Sept. IV.)
Aus dem Jahre 1870 stammt auch das nicht mit Monatsdatum versehene Gedicht: **Tourmente.** (Quatre Vents 3, 22.)
In diesem Jahre beginnt V. H. „**Religions et Religion**".

1871.

2. Jan. **Choix entre les deux Nations.** (Ann. terr. Sept. I.)

8. Jan. **A qui la Victoire définitive?** (Ann. terr. Déc. IX.)
10. Jan. **Lettre à une Femme.** (Ann. terr. Jan. II.)
15. Jan. **Dans le Cirque.** (Ann. terr. Jan. IX.) Paris. Während der Beschiessung.
18. Jan. **Après les victoires de Bapaume, de Dijon et de Villersexel.** (Ann. terr. Jan. X.) Die Beschiessung dauert fort.
27. Jan. **Capitulation.** (Ann. terr. Jan. XIII.)
Jan. **Bancroft.** (Ann. terr. Nov. IV.)
Jan. **Non! Non! Non!** (Ann. terr. Jan. IV.)
Jan. **Le Pigeon.** (Ann. terr. Jan. VII.)

8. Febr. V. H. wird mit 214169 Stimmen in die Nationalversammlung gewählt.
13. Febr. V. H. kommt in Bordeaux an.
14. Febr. V. H. weigert sich, in Bordeaux zum Volke zu sprechen. (A. et P. 3, 93.)

14. Febr. **Avant la Conclusion du Traité.** (Ann. terr. Fév. I.) Bordeaux.

1. März. Rede V. H.'s in der Nationalversammlung über den Krieg. (A. et P. 3, 95.)
März. Rede V. H.'s in der Fractionssitzung der radikalen Linken, über den Austritt der elsass-lothringischen Abgeordneten aus der Versammlung. (A. et P. 3, 105.)
6. März. Rede V. H.'s in einer Sitzung des Ausschusses über die Frage Paris oder Versailles. (A. et P. 3, 115.)

8. März. **La Lutte. A G.** (Ann. terr. Mars II.)
8. März. Schreiben V. H.'s an den Präsidenten der Nationalversammlung, seine Entlassung enthaltend. (A. et P. 3, 130.)

8. März. V. H. giebt seine Entlassung als Mitglied der Nationalversammlung. (A. et P. 3, 123.)
8. März. Ansprache V. H.'s an eine Deputation von Bordeaux. (A. et P. 3, 416.)
8. März. Rede V. H.'s in der Fractionssitzung der radikalen Linken. (A. et P. 3, 419.)
13. März. Des Dichters Sohn Karl stirbt in Bordeaux.
18. März. V. H. begräbt seinen Sohn Karl in Paris.

18. März. **L'Enterrement.** (Ann. terr. Mars IV.) Paris.

Vor dem 21. März. V. H. reist in Vormundschaftsangelegenheiten von Paris nach Brüssel.

	März. **Coup sur coup! Deuil sur deuil!** (Ann. terr. Mars V.)
	15. April. **Un cri.** (Ann. terr. Avril IV.) Brüssel.
	21. April. **Pas de Représailles.** (Ann. terr. Avril V.) Brüssel.
	28. April, Brüssel. Brief V. H.'s an Meurice und Vacquerie. (A. et P. 3, 157.)
	29. April. **La Mère qui défend son petit.** (Ann. terr. Avril II.) Brüssel.
	5. Mai(?). **L'Avenir.** (Ann. terr. Juil. III.) Brüssel. (Die Édit. défin. gibt das Datum 5 mars, doch dies ist zweifellos ein Irrtum.)
	6. Mai. **Les deux Trophées.** (Ann. terr. Mai I.) Brüssel.
	26. Mai. Brief V. H.'s an die Indépendance Belge, worin er den Flüchtigen von Paris Asyl in seinem Hause bietet. (A. et P. 3, 174.)
In der Nacht vom 27. zum 28. Mai Angriff auf V. H.'s Haus in Brüssel.	
	29. Mai. **Une Nuit à Bruxelles.** (Ann. terr. Mai V.)
30. Mai. V. H. wird aus Belgien verwiesen.	30. Mai. **Est-il jour? est-il nuit?** (Ann. terr. Mai IV.) Brüssel.
	31. Mai. **Je n'ai pas de palais.** (Ann. terr. Juin IV.) Brüssel.
1. Juni. V. H. verlässt Brüssel.	1. Juni. **En quittant Bruxelles.** (Ann. terr. Juin V.)
	1. Juni. Brief V. H.'s an die «Indépendance Belge».
2. Juni. Bei den Wahlen für die Nationalversammlung unterliegt V. H. mit 57 854 Stimmen.	2. Juni, Luxenburg. Brief V. H.'s an fünf belgische Abgeordnete, welche seine Sache vertreten hatten. (A. et P. 3, 201.)
	3. Juni. **Le Deuil.** (Ann. terr. Mars III.) Vianden.
	6. Juni, Luxenburg. Brief V. H.'s an die «Indépendance Belge». (A. et P. 3, 203.)
	6. Juni. **La prisonnière passe.** (Ann. terr. Juin IX.) Vianden.
	8. Juni. **A Vianden.** (Ann. terr. Juin XIV.)
	15. Juni. **O Charles! je te sens près de moi.** (Ann. terr. Juil. X.) Vianden.
	17. Juni. Brief an die Redaktion des «Rappel». (A. et P. 3, 425.)
	20. Juni. **Les Fusillés.** (Ann. terr. Juin XII.)
	23. Juni. **Les Insulteurs.** (Ann. terr. Juil. VI.) Vianden.

Juni. Ansprache V. H.'s an den Arbeitergesangverein Lyre ouvrière, von Vianden, der ihm eine Serenade bringt. (A. et P. 3, 205.)

22. Aug. Erklärung V. H.'s vor dem Gerichtshofe in Diekirch über den Zwischenfall in Brüssel. (A. et P. 3, 421.)

25. Juni. **A qui la Faute?** (Ann. terr. Juin VIII.) Vianden.
26. Juni. **Je ne veux condamner personne.** (Ann. terr. Juin XVI.) Vianden.
27. Juni. **Sur une barricade.** (Ann. terr. Juin XI.) Vianden.
28. Juni. **Paris incendié.** (Ann. terr. Mai III.) Vianden.
30. Juni. **Falkenfels.** (Ann. terr. Juil. V.) Luxenburg.
Juni. **A Ceux qu'on foule aux pieds.** (Ann. terr. Juin XIII.) Vianden.
Juni. **A Madame Paul Meurice.** (Ann. terr. Juin VI.) Vianden.
Juni. **Toujours le même fait.** (Ann. terr. Juin XV.) Vianden.
Juni. **Participe passé du verbe Tropchoir.** (Ann. terr. Juin XVII.) Vianden.
3. Juli. **Par une sérénade on fête ma clémence.** (Ann. terr. Juin III.) Vianden.
5. Juli. **Sedan.** (Ann. terr. Août.) Vianden.
8. Juli. **Les Crucifiés.** (Ann. terr. Juil. IV.) Vianden.
27. Juli. **A l'Évêque qui m'appelle athée.** (Ann. terr. Nov. IX.)
Juli. **Conclusion.** (A. et P. 3, 213.) Vianden.
Juli. **A Henri V.** (Ann. terr. Juil. VIII.) Vianden.
10. Aug. **Les deux Voix.** (Ann. terr. Juil. I.) Vianden.
11. Aug. **Un jour je vis le sang couler!** (Ann. terr. Juin I.) Vianden.
12. Aug. **Les Innocents.** (Ann. terr. Juin XVIII.) Vianden.
13. Aug. **Flux et Reflux.** (Ann. terr. Juil. II.) Vianden.
19. Aug. **Terre et cieux! si le mal régnait.** (Ann. terr. Juil. XII.) Vianden.
22. Aug. (Jour de mon départ). **De tout ceci, du gouffre obscur.** (Ann. terr. Juil. XI.) Vianden.
20. Sept. **Soit! c'est dit!** (Quatre Vents 1, 36.) Altwies.
27. Sept. **Les Pamphlétaires d'Église.** (Ann. terr. Juil. IX.) Altwies.
31. Okt., Paris. Brief V. H.'s an die Redaktion des «Rappel». (A. et P. 3, 221.)

5. Nov. Brief V. H.'s an Léon Bigot. (A. et P. 3, 233.)
11. Nov. **Le Procès à la Révolution.** (Ann. terr. Juil. VII.)
2. Dez. Brief an Hyenne, Redakteur der «Démocratie du Midi». (A. et P. 3, 243.)
28. Dez. Erklärung V. H.'s über das «Mandat contractuel». (A. et P. 3, 246.)

1872.

7. Jan. Bei den Wahlen für die Nationalversammlung unterliegt V. H. mit 95 900 Stimmen gegen den gemässigten Republikaner Vautrain, welcher 122 435 Stimmen auf sich vereinigt.

8. Jan. Adresse V. H.'s an das Volk von Paris. (A. et P. 3, 251.)

19. Febr. Ruy Blas wird am Odeon wieder aufgenommen.

31. März., Paris. Brief V. H.'s an die Damen des Ausschusses zur Verbesserung des Looses der Frauen. (A. et P. 3, 277.)
15. April, Paris. Brief V. H.'s an Al. Dumas, beim Begräbnis von dessen Vater. (A. et P. 3, 255.)

In der ersten Hälfte d. J. veröffentlicht V. H. **„L'Année Terrible"**.

April. Vorwort der **„Année terrible"**.
1. Mai, Paris. Brief V. H.'s an die Redaktion der «Renaissance». (A. et P. 3, 259.)
14. Mai, Paris. Brief V. H.'s an die Redaktion des «Peuple Souverain». (A. et P. 3, 263.)
20. Mai, Paris. Schreiben V. H.'s an die Römer. (A. et P. 3, 267.)
2. Juni, Paris. Brief V. H.' an Trébois, Vorsitzenden der Gesellschaft für konfessionslose Schulen. (A. et P. 3, 271.)
8. Juni, Paris. Brief V. H.'s an L. Richer, Redakteur des «Avenir des Femmes». (A. et P. 3, 272.)
Anfang Sept., Guernesey. Schreiben V. H.'s zur Feier des Jahrestages der Republik. (A. et P. 3, 280.)
20. Sept., Guernesey. Schreiben V. H.'s an den Friedenskongress in Lausanne. (A. et P. 3, 283.)
2. Nov. Gedicht auf den kurz zuvor verstorbenen Th. Gautier (in «Le Tombeau de Th. Gautier», Paris 1873.)

16. Dez. V. H. beginnt den Roman **Quatrevingt-treize,** in Hauteville-House.

Seit diesem Jahre lebt V. H.'s Tochter Adele in einem Irrenhause zu Paris.

1873.

21. Jan. V. H. beginnt den zweiten Teil des Romanes: **Quatrevingt-treize,** in Hauteville-House.

11. Febr. Marion Delorme wird am Théâtre Français wieder aufgenommen.

30. März, Hauteville-House. Brief V. H.'s an die Delegierten von Lyon. (A. et P. 3, 288.)

9. Juni. V. H. beendet den Roman: **Quatrevingt-treize,** in Hauteville-House.

8. Aug., Auteuil, Villa Montmorency, Brief V. H.'s an den Herzog v. Broglie (Gnadengesuch für H. Rochefort). (A. et P. 3, 291.)

17. Aug., Paris. Brief V. H.'s an den Oberbürgermeister von Triest. (A. et P. 3, 295.)

16. Sept. **La Libération du Territoire.** (A. et P. 3, 297.)

Ende Sept. Marie Tudor wird am Theater der Porte Saint-Martin wieder aufgenommen.

26. Dez. V. H.'s Sohn Franz stirbt in Paris nach langer, schmerzlicher Krankheit.

1874.

20. Febr. V. H. veröffentlicht den Roman **Quatrevingt-treize.**

14. Juli, Paris. Brief an Saint-Martin in Avignon zur Petrarcafeier. (A. et P. 3, 318.)

4. Aug. **Aux Prêtres.** (Quatre Vents 1, 28.)

4. Sept., Paris. Brief V. H.'s an den Friedenskongress in Genf. (A. et P. 3, 321.)

15. Nov. Rede V. H.'s am Grabe von Frau P. Meurice. (A. et P. 3, 327.)

Ohne Monatsdatum:
Schreiben V. H.'s an die italienischen Demokraten. (A. et P. 3, 333.)

1875.

26. Febr. V. H. veröffentlicht das Gnadengesuch: **Pour un soldat.** (A. et P. 3, 335.)

29. März. Rede V. H.'s am Grabe von Quinet. (A. et P. 3, 341.)

28. April. **Ils sont toujours là.** (Quatre Vents 1, 43.)

Juni, Paris. **Le Droit et la Loi,** Vorrede zum ersten Bande der Actes et Paroles.

9. Sept., Paris. Schreiben V. H.'s an den Friedenskongress. (A. et P. 3, 347.)

23. Sept. V. H. schreibt sein litterarisches Testament, worin er seine Freunde P. Meurice, A. Vacquerie und E. Lefèvre mit der Veröffentlichung seines Nachlasses betraut und nähere Anweisungen darüber giebt.

Nov. **Ce que c'est que l'Exil,** Vorrede zum zweiten Bande der Actes et Paroles.

In diesem Jahre veröffentlicht V. H. die ersten zwei Bände der **Actes et Paroles.**

1876.

16. Jan. V. H. wird zum Delegierten von Paris für die Senatswahlen erwählt.

16. Jan. Antwort V. H.'s auf die Ansprache Clémenceau's, des Vorsitzenden des Pariser Municipalrates. (A. et P. 3, 429.)

20. Jan. Rede V. H.'s am Grabe von Frédéric Lemaître. (A. et P. 3, 360.)

21. Jan. Rede V. H.'s in einer Wahlversammlung. (A. et P. 3, 431.)

30. Jan. V. H. wird in Paris zum Senator gewählt.

16. Jan. Adresse V. H.'s an die Delegierten der 36 000 französischen Gemeinden. (A. et P. 3, 351.)

2. Febr. Brief V. H.'s an Frau Simbozel. (A. et P. 3, 368.)

7. Febr. Gnadengesuch V. H.'s an den Präsidenten der Republik, den Herzog von Magenta, für den zur Deportation verurteilten Simbozel. (A. et P. 3, 369.)

16. April. Ansprache V. H.'s an die Versammlung im Saale des Château d'Eau über die Weltausstellung von Philadelphia. (A. et P. 3, 371.)

26. April. Rede V. H.'s am Grabe von Frau Louis Blanc (einer geborenen Deutschen, Christina Grote aus Frankfurt a/M., die in Paris als Engländerin galt). (A. et P. 3, 379.)

22. Mai. Rede V. H.'s im Senat für die Amnestie. (A. et P. 3, 389.)

10. Juni. Paul Meurice verliest am Grabe von George Sand eine Rede von V. H. (A. et P. 3, 385.)

4. Juni. Brief V. H.'s an die Freimaurer von Toulouse. (A. et P. 3, 434.)

Juli. **Jolies femmes. Sonnet pour album** (das einzige Sonnet von V. H.). (Quatre Vents 1, 18.)

Juli. **Paris et Rome**, Vorrede zum dritten Bande der Actes et Paroles.

In diesem Jahre veröffentlicht V. H. den dritten Band der **Actes et Paroles**.

1877.

26. Febr. V. H. veröffentlicht zwei weitere Bände der **Légende des Siècles**.

14. Mai. V. H. veröffentlicht **L'Art d'être Grand-père**.

22. Mai. Der Kaiser von Brasilien stattet V. H. einen Besuch ab und einige Tage darauf einen zweiten.

21. Juni. Rede V. H.'s im Senat.

1. Okt. V. H. veröffentlicht **Histoire d'un Crime**, 2 Bände.

21. Nov. Hernani wird am Théâtre Français wieder aufgenommen.

1878.

22. März. Erste Aufführung des Dramas «Les Misérables» am Theater der Porte Saint-Martin.

Ende April veröffentlicht V. H. „**Le Pape**".

Im Sommer weilt V. H. zur Erholung einige Monate in Guernesey.

17. Juni. V. H. eröffnet als Ehrenpräsident den internationalen litterarischen Kongress in Paris.

1879.

3. März. Der Municipalrat von Besançon beschliesst einstimmig, eine Gedenktafel an V. H.'s Geburtshause anzubringen.

4. April. Ruy Blas wird am Théâtre Français wieder aufgenommen.

7. Juni. Erste Aufführung von Paul Foucher's Drama: Notre Dame de Paris, im Théâtre des Nations.

23. Dez. Brief V. H.'s an A. Barbou, der ihn gebeten hatte, sein den Dichter behandelndes biographisches Werk vor dem Drucke durchzusehen. (Facsimile bei Barbon, V. H. et son temps.)

Seit diesem Jahre wohnte V. H. Avenue d'Eylau.

In diesem Jahre veröffentlicht V. H. „**La Pitié Suprême**".

1880.

25. Febr. Goldene Hochzeitsfeier des Hernani.

26. Febr. An V. H.'s Geburtstage erscheint der erste Band der «Édition définitive des Œuvres complètes de V. Hugo».

April. V. H. beendet **Religions et Religion**.

In diesem Jahre veröffentlicht V. H. „**Religions et Religion**" und „**L'Ane**".

1881.

26. Febr. V. H.'s Geburtstag wird zum ersten Male als Nationalfeier begangen. Mehrere hunderttausend Menschen ziehen an seinem Hause vorbei.

26. Febr. Lucrèce Borgia wird am Theater der Gaîté wieder aufgenommen.

Mai. Der Pariser Municipalrat beschliesst, einem Teile der «Avenue d'Eylau» den Namen «Avenue Victor Hugo» zu geben.

24. Dez. Erste Aufführung des Dramas von P. Meurice: Quatrevingt-treize, am Theater der Gaîté.

In diesem Jahre veröffentlicht V. H. „**Les Quatre Vents de l'Esprit**".

1882.

V. H. veröffentlicht das Drama „**Torquemada**".

1883.

Juni. V. H. veröffentlicht den vierten Band der **Légende des Siècles**.

Nov. V. H. veröffentlicht „**L'Archipel de la Manche**" als Einleitung zu dem Romane: Les Travailleurs de la Mer.

1884.

Aug. V. H. reist zur Kur nach Ragatz und hält sich dort einige Wochen auf.

1885.

17. Febr. V. H. wohnt mit seinen Enkeln Georges und Jeanne dem Kindermaskenballe in der Grossen Oper bei.

26. Febr. An V. H.'s Geburtstage erscheint das erste Heft der illustrierten «Édition Nationale des Œuvres de V. Hugo».

16. Mai. V. H. erkrankt.

21. Mai. Der Erzbischof von Paris, Kardinal Guibert bietet dem Dichter seinen geistlichen Beistand an, erhält aber von Ed. Lockroy, unter Bezugnahme auf den Willen des Sterbenden, eine abschlägliche Antwort.

22. Mai. Nachmittags $1^1/_2$ Uhr stirbt V. H.

26. Mai. Dekret des Präsidenten der Republik, nach welchem das Pantheon seiner ursprünglichen Bestimmung zurückzugeben und die Leiche V. H.'s darin beizusetzen ist.

26. Mai. Beschluss des Pariser Municipalrates, nach welchem die ganze Avenue d'Eylau fortan den Namen Avenue Victor Hugo führt.

31. Mai. Die Leiche V. H.'s wird unter dem Triumphbogen ausgestellt.

1. Juni. V. H. wird unter ungeheurer Beteiligung der Bevölkerung im Pantheon beigesetzt.